AF501815

DÉFENSE

DU FORT

DE PIERRE-CHATEL.

DÉFENSE DU FORT

DE

PIERRE-CHATEL

EN 1814 ET 1815.

PARIS
IMPRIMERIE DE E. DUVERGER,
RUE DE VERNEUIL, N° 4.
1843

A M. Jordan,

Président du Tribunal de Belley.

Permettez-moi, mon cher président, de vous faire hommage de cet écrit, dans lequel votre nom se trouve prononcé, et qui relate des faits accomplis sous vos yeux. C'est une histoire vers laquelle j'aime à me reporter souvent, et qui me rappelle des souvenirs qui me sont bien chers.

J'ai voulu payer à vos excellents concitoyens une dette d'affection, et leur montrer combien j'ai gardé la mémoire de celle qu'ils m'ont toujours témoignée. C'était un devoir pour moi de ne laisser tomber dans l'oubli rien de ce qui les honore. Je ne saurais trouver auprès d'eux un plus digne interprète que vous, qui avez, ainsi que les vôtres, une si large part dans les sentiments qui ont guidé ma plume et dont j'aime à pouvoir vous renouveler l'expression.

Ant. Garbé.

Hesdin, février 1843.

INTRODUCTION.

Les faits dont je vais rendre compte remontent à une date éloignée ; ils se sont passés sur un point isolé du territoire, en dehors du mouvement général des armées, et sont ainsi restés à peu près inconnus du public au milieu des graves événements dont ils ont été contemporains. J'aurais pu les mettre au jour beaucoup plus tôt, et plusieurs fois l'on m'a demandé de les écrire comme épisode de l'histoire des dernières guerres de l'empire ; divers motifs m'ont dissuadé de le faire. Déterminé à rester dans la retraite que l'on m'avait créée avant le temps, je ne cherchais point à appeler l'attention sur moi ; je croyais d'ailleurs devoir m'imposer une grande réserve dans la divulgation de ce qui était relatif au commandement que j'avais exercé, quelque public qu'il eût été, ou de ce qui concernait les personnes que j'avais eues sous mes ordres, quelque louable que fût leur conduite. Instruit par mon exemple que nos services n'avaient pas toujours compté comme recommandation, je ne voulais pas m'exposer à nuire involontairement à la situation de quelques-uns. Tels sont les motifs qui m'ont fait retarder pendant longtemps pour la mise au jour du siége de Pierre-Châtel.

Mais aujourd'hui qu'une période de près de trente ans s'est écoulée, les passions de toute nature sont calmées ; ceux de mes contemporains qui survivent sont arrivés à cet âge où l'on ne vit plus que par les souvenirs ; ma publication ne peut avoir d'inconvénients pour personne. Rien ne m'empêche donc plus d'élever la voix pour me rappeler au souvenir de mes compagnons d'armes, pour rendre surtout à la brave garnison que j'ai eu l'honneur de commander à Pierre-Châtel, aux populations au milieu desquelles j'ai vécu, un témoignage de leur admirable conduite à l'époque de nos désastres, et, pourquoi ne l'avouerais-je pas, d'écrire une page de ma vie active, qui, pour en être la dernière, n'est pas celle dont je m'honore le moins.

J'espère faire plus; j'ai conçu la pensée d'écrire l'histoire complète de Pierre-Châtel dans ses diverses transformations. Tour à tour château, monastère, prison et fort de guerre, Pierre-Châtel abonde en souvenirs pleins de vie et d'intérêt. Pendant mon commandement, j'ai recueilli tout ce qui rattache à l'histoire de cet édifice jusqu'à la Révolution; malheureusement les documents sont rares; les archives de la Chartreuse ont été détruites et brûlées pendant la terreur, et cet acte de fureur insensée laisse dans le récit des lacunes impossibles à combler. Je tâche d'y suppléer à l'aide de ce que j'ai entre les mains, et des renseignements qui m'ont été donnés en dernier lieu avec une obligeance que je ne puis trop louer [1].

L'époque contemporaine fournit des faits plus précis et non moins dignes d'intérêt. L'histoire des prisons d'état de l'empire est peu connue. Les événements glorieux de cette époque ont eu le juste privilége de concentrer toute l'attention ; et le reste a été relégué dans l'ombre par des panégyristes trop enthousiastes, ou défiguré par les déclamations de détracteurs passionnés. Le tableau de l'une de ces prisons, des personnages qu'elle renfermait, des causes qui les y avaient amenés, du

(1) Parmi les personnes auxquelles je dois adresser mes remercîments, je citerai en première ligne M. l'abbé Deperry, vicaire général de Belley, dont on connaît les consciencieux travaux sur l'histoire du Bugey.

régime auquel ils étaient soumis ; ce tableau, tracé sans partialité et d'après les documents authentiques et officiels, jettera sans doute quelque lumière sur des points importants.

Enfin l'histoire du siége soutenu en 1814 et 1815 donnera de précieuses indications pour la défense de cette partie du territoire en cas d'invasion, et pour les ressources que l'on peut tirer de cette place.

Une grande partie de ce travail est faite ; j'y consacrerai les loisirs qui me restent ; je l'achèverai s'il m'en reste le temps. Mais à mon âge, on ne peut guère compter sur l'avenir, et l'on doit se mettre en règle avec les éventualités auxquelles l'homme est soumis.

J'ai voulu les prévenir en reproduisant un fait militaire que peut-être on ne trouvera pas indigne d'attention. Je n'aspire au succès ni du guerrier ni de l'écrivain ; je n'adresse ces pages qu'au petit nombre d'amis qui me sont restés. Ceux qui ont été témoins de ce que je raconte, reconnaîtront que, loin d'avoir rien exagéré, j'ai plutôt affaibli que chargé les faits, et si j'y ai conservé presque mot pour mot mon journal de siége, si j'y ai reproduit des dates ou des pièces d'un intérêt quelquefois secondaire, c'est que je n'ai recherché qu'un mérite, celui d'une irrécusable authenticité.

Avant de raconter les événements dont Pierre-Châtel fut le théâtre en 1814 et 1815, on me permettra de dire quelques mots de mes antécédents et des circonstances qui m'ont amené à prendre le commandement de ce fort, ainsi que de sa situation à cette époque.

J'appartiens à la génération qui, au commencement de la révolution, quitta ses foyers pour embrasser la carrière des armes. Mon frère et moi nous nous associâmes à ce grand élan national, et nous courûmes aux frontières, dès qu'elles furent menacées. Depuis lors nous ne cessâmes pas un instant d'être mêlés à tous les événements militaires[1].

Je me trouvai à la première affaire qui eut lieu après la déclaration de guerre, le 29 avril 1792, entre Lille et Tournay, puis à la bataille de Valmy, aux différents combats de la campagne de Belgique et au siége du château de Namur, qui eut lieu en décembre. Après la retraite de Dumouriez, je quittai le régiment d'infanterie où je servais pour passer dans le 6e régiment de dragons.

Je fis dans ce corps la campagne de 1793 à l'armée du Nord; celle de l'an II, en Belgique, sous Pichegru; celle de l'an III en Hollande et

(1) Mon frère, devenu lieutenant général du génie, inspecteur général des fortifications, et grand-officier de la Légion-d'Honneur, est mort à Hesdin, en 1851, après trente-huit ans de services effectifs et vingt-deux campagnes, au moment où il venait de recevoir pour la seconde fois de ses concitoyens le mandat de député.

à l'armée de Sambre-et-Meuse, celle de l'an IV à l'armée du Rhin, où je fis partie de la division Desaix, dans la belle retraite du général Moreau ; celles des ans V, VI et VII à l'armée du Rhin ; celles des ans VIII et IX à l'armée d'Italie.

Après le traité de paix, je fus nommé maréchal-des-logis chef dans la gendarmerie d'élite, garde des consuls qui se formait à Paris, vers la fin de 1801, et je fis dans ce corps, lorsqu'il fut devenu garde impériale, les deux campagnes de l'an XIV[1]. Je pris part à celles de 1806 et 1807, en Prusse et en Pologne ; à celles de 1808 en Espagne, de 1809 en Autriche, de 1810 et 1811 en Espagne.

Je me trouvai à toutes les batailles impor-

(1) On sait que, par décret de l'empereur, le mois de vendémiaire an XIV compta à toute l'armée pour une campagne, à cause de la défaite de l'armée autrichienne devant Ulm.

tantes ; j'y fus blessé plusieurs fois, et je reçus à celle d'Austerlitz la décoration de la Légion-d'Honneur. Je fus presque constamment à l'armée, et quelques missions importantes qui me furent confiées firent seules trève parfois à cette vie de combats incessants.

Aussi, à la suite des guerres d'Espagne, ma santé, gravement altérée par le climat et par les fatigues non interrompues de dix-neuf campagnes, me força de rentrer en France.

Le duc de Rovigo, qui avait été mon colonel et qui se trouvait alors ministre de la police générale, ne voulut pas me laisser dans l'inaction, et m'offrit le commandement du fort de Pierre-Châtel, qui dépendait de son administration, comme servant de prison d'état et de dépôt des condamnés à la déportation.

Je fis quelques difficultés de me charger de cette fonction, qui semblait étrangère à la carrière que j'avais suivie jusque-là ; je ne l'acceptai enfin que sur la promesse formelle que je reçus d'être replacé dans l'armée active aussitôt que ma santé serait suffisamment rétablie. De nombreux exemples me garantissaient la réalisation de cette promesse, sur la sincérité de laquelle je n'avais aucun doute.

Je pris possession de mon nouveau commandement vers la fin de 1812.

Le fort de Pierre-Châtel était si peu connu à cette époque, que je ne pus avoir de renseignements exacts que lorsque je fus sur les lieux mêmes.

Pierre-Châtel est placé dans la chaîne de montagnes qui, s'étendant depuis le Jura jusqu'aux Alpes, forme de ce côté une puissante barrière contre l'invasion étrangère. Le Rhône suit parallèlement cette chaîne dans la direction du nord au midi, depuis Genève jusqu'à la petite ville d'Yenne, mais là il la coupe en tournant brusquement vers l'ouest et en venant précipiter ses eaux dans un passage resserré et tortueux. Le rocher, qu'on croirait en quelque sorte avoir été scié pour faire cette ouverture, forme de chaque côté un mur perpendiculaire d'une hauteur de cent cinquante à deux cents mètres. L'art des hommes est parvenu cependant à tracer dans ces profondeurs, sur la rive gauche, une route étroite et peu élevée, qui sert aux communications de Bourg et Lyon avec Chamberry et Aix, et est une des principales entrées de la France de ce côté.

A la sortie de cette gorge, le fleuve reprend sa marche vers le sud ; la route au contraire le traverse entre les villages de Virignin et de la Balme, qui ne se composent chacun que de quelques maisons dispersées sur ses rives, et s'en sépare définitivement pour aller joindre Belley.

Il a existé successivement a cet endroit deux ponts en pierres à une faible distance. L'un a été ruiné dans les guerres du moyen-âge ; la construction du second date du quatorzième siècle. Il ne reste de l'un et de l'autre que peu de traces. Depuis quelques années on les a remplacés par un pont en fil de fer ; jusque-là et notamment à l'époque du siége, la communication s'opérait au moyen d'un bac.

Les rochers qui se dressent sur la droite du fleuve dans cet étroit passage sont couronnés par un plateau que sépare de la montagne des Bancs dont il forme le prolongement, une gorge profonde aboutissant au Rhône à ses deux extrémités. C'est sur ce plateau, ainsi isolé, entre cette gorge et le fleuve, et prenant sa longueur et sa pente dans le sens du cours de ce dernier, que se trouve établi Pierre-Châtel.

L'édifice de l'ancienne Chartreuse, qui en occupe le point le plus élevé, vers l'est, était presque entièrement conservé lorsque j'y fus envoyé. Il portait le caractère de toutes les maisons de cet ordre, et se composait de la maison du prieur, de plusieurs cloîtres, dont un très spacieux, et de vastes bâtiments de service. Plusieurs cours, des jardins étendus et un petit bois, se trouvent compris dans l'enceinte formée d'un mur peu élevé, mais se déroulant presque partout sur la crête du rocher.

Il renferme ainsi dans sa circonférence assez vaste tout ce que peut offrir une habitation d'agrément. Abrité contre les vents du nord, il jouit d'une vue d'une immense étendue sur la vallée du Rhône. Sous le fort, dans la partie du midi, existent des grottes visitées souvent par les étrangers. Ces grottes, de l'aspect le plus pittoresque, sont remarquables par leur étendue et leur salubrité[1]. On y avait

(1) « Ces grottes sont situées dans le Bugey, au pied d'un « rocher en haut duquel on voyait jadis la Chartreuse de

disposé, au milieu du dernier siècle, une chapelle et même une habitation complète qui dépendait du château de la Balme, et l'on avai

« Pierre-Châtel. Il faut se munir de flambeaux pour en parcourir les vastes détours; un vestibule de trente pieds de haut sur soixante de large leur sert d'entrée. Au bout de ce vestibule, la voûte et le sol s'abaissent; on descenc par une rampe très rapide taillée en zigzag dans les véritables grottes; des voûtes de différentes coupes, en dômes, en berceaux, à arcs doubles et quelques-unes à clefs pendantes, s'y disputent les regards; elles sont toutes ornées d'une infinité de bas-reliefs, de stalactites plus ou moins allongées; les parois et les planchers sont tous ornés de stalactites brillantes, de formes très variées. Ici c'est une broderie légère et des ramifications plus saillantes, des feuilles entrelacées avec autant d'art et d'élégance que pourrait faire l'artiste le plus intelligent; plus loin, des figures grossièrement sculptées, des ornements dans le goût gothique, des groupes, des pyramides d'inégales grandeurs, des ovales, des cylindres terminés par des aiguilles taillées en forme de cristal de roche; enfin toutes les variétés accidentelles qu'offrent les grottes les plus renommées. » (Depping, *Merveilles de la nature en France*, p. 497.)

D'intéressantes descriptions de ces grottes ont été données

élevé aux diverses entrées des façades en maçonnerie qui subsistent encore et ont été réparées dans ces derniers temps[1].

On attribue la construction d'une forteresse sur le rocher de Pierre-Châtel à Vibertus, neveu d'Alarie, qui l'aurait élevée en 412 pour protéger le passage du Rhône et le pont qui existait à la Balme. Quoi qu'il en soit de ce fait qui est controversé, il est certain qu'il se trouvait à cet endroit, pendant les premiers siècles de la féodalité, un château dépendant de la seigneurie de Bugey.

plus récemment par des écrivains, au nombre desquels M. l'abbé Deperry et M. Ernest Falconnet méritent surtout d'être mentionnés.

(1) Selon une opinion populaire dans le pays, ces travaux remonteraient à l'époque de la peste de Marseille, et auraient eu pour but d'offrir, en cas de besoin, aux habitants du château de la Balme une retraite contre l'invasion du fléau. Mais leur véritable origine paraît être la fête donnée en 1744 par le comte de Seyssel, dans laquelle fut déployée une magnificence inusitée.

Ce fut en 1383 qu'il changea de destination et fut transformé en couvent de Chartreux. Les ducs de Savoie y établirent la chapelle de l'ordre de l'Annonciade et en firent le centre de ses réunions[1], jusqu'en 1607, où Pierre-Châtel cessa de leur appartenir, et passa sous la souveraineté de la France.

L'édifice avait à cette époque subi sa transformation complète, et tous les bâtiments avaient été construits pour leur destination re-

(1) Cet ordre, institué en 1355, et appelé, dans le principe, ordre du Collier de Savoie, se composait de quinze chevaliers; le comte Verd, son fondateur, donna à sa mort le château de Pierre-Châtel, avec toutes ses dépendances, pour y être fondé un monastère de Chartreux renfermant quinze religieux qui prieraient pour lui, ses prédécesseurs, et les chevaliers de son ordre du Collier. Sa veuve, en exécution de son testament, vint en grande cérémonie, dans le courant de 1395, jeter les fondements du monastère. Les chevaliers de l'Annonciade tenaient leur chapitre à Pierre-Chatel; ils y étaient enterrés, et tous les autres étaient tenus de venir assister à leurs obsèques en habits de chartreux.

ligieuse. Cependant lorsqu'il se trouva ainsi sur l'extrême frontière, on sentit la nécessité de le considérer comme poste militaire. Le prieur du couvent en fut le gouverneur[1]. Il eut à sa disposition une compagnie de milice du pays qu'il passait en revue une fois par an. Chaque homme recevait alors une faible rétribution et retournait chez lui, laissant ses armes au fort, où demeurait seul le commandant de cette petite troupe.

En 1791, lors de la suppression des couvents, les Chartreux furent expulsés et leurs biens furent aliénés. Pendant la Terreur on enferma à Pierre-Châtel les suspects du pays, et l'on y envoya une petite garnison. Mais bien que le général Montesquiou en eût, lors de la

(1) « Par provision de Louis XIII, du 22 décembre 1645, « dom prieur de la Chartreuse et ses religieux sont capi« taines gouverneurs de la place de Pierre-Châtel, dans le « Bugey, et choisissent un officier de guerre pour les fonc« tions militaires. » (Etat militaire, 1760.)

conquête de la Savoie, tiré un parti utile, la commission de défense de l'an VII le rejeta complétement du classement des places de guerre.

En conséquence, il devait être vendu, comme les biens nationaux, lorsqu'on se décida à lui donner une destination. Un décret de 1808 y établit le dépôt des condamnés à la déportation, et un autre décret du 3 mars 1810 le convertit en prison d'état.

Le ministre de l'intérieur y fit alors faire des travaux considérables pour la sûreté de la prison; mais ces travaux ne pouvaient avoir aucune utilité pour la défense.

Pierre-Châtel semble, au premier aspect, dans une position très forte; mais un examen plus approfondi ne tarde pas à montrer tout ce qu'elle laisse à désirer. Dominé au nord par la montagne des Bancs, au midi par celle de Savoie, il devient difficile à défendre si l'on ne reste pas maître au moins de la première. On n'est, en effet, séparé de celle-ci que par une gorge très étroite, dans laquelle passe le chemin qui de Belley et du Rhône s'élève par une pente rapide vers la seule entrée qu'il y ait au fort, et la montagne est tellement à pic, que du sommet on peut jeter des pierres dans la place. Quant aux montagnes de Savoie, qui sont plus éloignées et dont on est séparé par le Rhône, elles offrent plus de dangers peut-être encore, par la facilité d'y établir des batteries qui découvrent le fort dans toute sa longueur, et amèneraient la prompte destruction de la plupart des bâtiments, tandis que celles de la montagne des Bancs ne peuvent en atteindre que les parties élevées. Les batteries ennemies seraient d'autant mieux assises sur ce point, que celles du fort, étant beaucoup plus basses, ne peuvent leur faire que peu de mal.

Dans l'impossibilité d'occuper les montagnes de la rive gauche du Rhône, qui n'appartiennent point à la France, et qui sont d'ailleurs trop éloignées du fort pour qu'un détachement de la garnison y fût en sûreté, il se présentait un seul moyen de parer à ces dangers. C'était l'établissement d'un fort sur la montagne des Bancs. Par là, non-seulement on empêche l'ennemi de s'établir sur cette montagne, mais encore on peut ruiner les batteries qu'il tenterait de placer sur celles de Savoie. Ce projet existait depuis longtemps lorsque j'arrivai au fort, et je fus bientôt pénétré de la nécessité de sa prompte exécution. Je ne pouvais songer à l'entreprendre, je voulus du moins y suppléer par quelques travaux défensifs, établis dans cette partie, sur une petite échelle. Mais je n'eus ni le temps, ni les ressources nécessaires pour les commencer; l'insuffisance de ma garnison ne m'aurait point permis d'ailleurs de la diviser ainsi sans danger.

Ce projet a été repris depuis lors, et adopté après de mûres études par le comité du génie;

la construction du fort des Bancs a été décidée et il s'achève en ce moment, relié par des murs de jonction et un chemin qui serpente sur la montagne, avec l'ancien édifice qu'il doit efficacement protéger. De sérieux travaux ont été faits aussi dans Pierre-Châtel même, dont les abords sont aujourd'hui aussi solidement couverts qu'ils l'étaient peu en 1814.

En effet, si l'importance de ce point pour la défense de cette frontière est aujourd'hui reconnue par les hommes compétents, elle ne l'était pas de même alors. Comme il était isolé et ne se reliait à aucun ensemble de places fortes, on ne le regardait comme devant être l'objet ni d'une attaque, ni d'une défense sérieuses. Les événements qui s'y sont passés ont contribué à détruire cette opinion, et mon but sera atteint si le récit que je publie achève de faire comprendre les ressources que l'on peut tirer, en cas de guerre, de cette position.

L'ennemi, en 1814 et 1815, a jugé nécessaire de s'emparer de cette place et de ne point la laisser sur ses derrières; aussi a-t-il fait de grands sacrifices dans ce but. C'est peut être la seule place qui, à cette époque, ait été régulièrement assiégée dans l'ancien territoire français. Ce qui en détermina l'attaque fut moins encore son importance que l'appui qu'elle aurait pu donner à une insurrection des populations voisines, dont le corps d'invasion aurait eu tout à redouter. C'est dans cette appréhension surtout que le chef de ce corps, ainsi qu'il me l'a dit depuis lui-même à Grenoble, fit marcher 7,000 hommes sur le fort, où 150 à peine se trouvaient renfermés, et laissa près de la moitié de cette troupe pour suivre les opérations du siége.

En effet, à l'approche de l'armée ennemie, l'esprit public se manifesta dans toute cette contrée avec une remarquable énergie. Les gardes nationales se disposèrent à la résistance, les paysans les secondèrent partout. On pourrait citer des preuves nombreuses de cette disposition générale.

Ainsi la garde nationale de Bourg, à l'approche de l'ennemi, se porta sur la route de Lons-le-Saulnier pour défendre la ville, qui est ouverte de tout côté; mais n'étant soutenue par aucune troupe de ligne, elle fut forcée de céder au nombre après s'être vaillamment défendue.

Je pouvais donc compter sur le concours des habitants du pays. Malgré les menées des personnes influentes qui désiraient la chute du gouvernement de Napoléon, et dont l'activité s'accroissait de jour en jour à mesure qu'ils la voyaient arriver, l'immense majorité de la population était prête à nous prêter un appui énergique. Si je n'y fis pas plus souvent appel, ce fut pour ne pas compromettre inutilement de braves gens, pendant que les événements se décidaient ailleurs contre nous.

Malgré ma réserve à cet égard, beaucoup s'armèrent isolément, et pendant tout le séjour de l'ennemi parmi eux, lui dressèrent des embuscades souvent téméraires. Je n'aurais pas hésité à généraliser le mouvement, si j'avais pu me faire quelque illusion sur l'issue de la guerre.

Lorsque le maréchal Suchet, qui était investi de la direction générale des opérations sur toute cette frontière, vint, en 1815, visiter Pierre Châtel, je lui fis comprendre tout le parti qu'on pouvait tirer de ce pays. Il partagea mes idées, et conçut la pensée de faire de Pierre-Châtel un dépôt d'approvisionnements considérables. Les premières mesures nécessaires pour y parvenir furent prises ; mais les funestes nouvelles arrivées de Paris empêchèrent qu'il n'y fût donné suite.

Dans une guerre d'invasion, le gouvernement trouvera toujours, dans les habitants du Bugey et de tout le département de l'Ain, des hommes courageux, patriotes, décidés à défendre énergiquement leur pays, et sur le concours desquels les opérations militaires pourront utilement s'appuyer.

J'avais apprécié très vite les qualités de cette brave et loyale population, et j'avais noué des relations avec les principaux habitants du pays. A l'intérieur du fort, je m'étais efforcé, dans ma difficile mission, de concilier ma responsabilité et mes devoirs avec ce que l'humanité exigeait. J'avais adouci la captivité de tous les hommes qui n'étaient détenus que par mesure politique, et de ceux qui n'étaient pas dangereux. Cependant la discipline n'avait point été troublée et l'ordre le plus parfait ne cessait de régner dans les deux catégories des prisonniers d'état et des condamnés à la déportation, qui se trouvaient rassemblés au fort.

Notre existence s'écoulait ainsi, lorsque les événements de 1814 vinrent changer le calme de ma situation et la nature de mes devoirs.

DÉFENSE
DE PIERRE-CHÂTEL
EN 1814 ET 1815.

Vers la fin de 1813, après la désastreuse bataille de Leipsick, les troupes alliées se portaient de toutes parts sur les frontières de France; le fort de Pierre-Châtel, qui à cette époque servait de prison d'État et de dépôt des condamnés à la déportation, semblait entièrement à l'abri des incursions de l'ennemi. L'avantage de sa position, dans ces circonstances critiques, détermina le ministre de la police à y faire transférer les prisonniers d'État renfermés à Fenestrelles et dans quelques autres endroits; l'autorité militaire y envoya également les prisonniers de guerre les plus notables qui se trouvaient à Besançon ou au fort de Joux, ce qui occasionna un grand encombrement à Pierre-Châtel. Les détenus étaient informés, par ces divers mouvements, de l'approche de l'ennemi; et les rapports que leur faisaient les nouveaux arrivés nourrissaient en eux l'espoir d'une prochaine délivrance.

J'appris le 26 décembre que l'ennemi, violant la neutralité de la Suisse, avait marché sur Genève, dont il s'était emparé sans coup férir.

Le fort se trouve si isolé et si éloigné d'autres garnisons, que je n'avais à espérer aucun appui; l'ennemi pouvait arriver d'un moment à l'autre sans obstacle; la garnison n'était composée que de quatre-vingt vétérans hollandais, mal armés, la plupart infirmes; il n'existait pour munitions de guerre que cent paquets de cartouches. Enfin, près de quatre cents prisonniers de toutes les nations étaient confiés à ma garde. Parmi eux se trouvaient des personnages importants, Espagnols la plupart, et un grand nombre d'hommes déterminés à tout tenter pour reconquérir leur liberté.

Pour pourvoir aux mesures d'urgence, j'intimai l'ordre au fournisseur des prisonniers de s'approvisionner de vivres au moins pour quinze jours, ce qu'il s'empressa d'exécuter.

Faute de munitions, je fis placer de grosses pierres pour les faire rouler dans la gorge si l'ennemi essayait d'y pénétrer; enfin je pris toutes les mesures nécessaires pour mettre le fort à l'abri d'un coup de main.

L'ennemi occupait Genève depuis plusieurs

jours, quand le lieutenant de gendarmerie de Belley m'adressa la lettre suivante :

Culloz, le 1er janvier 1814.

« Monsieur le commandant,

« J'ai l'honneur de vous informer qu'un dé-« tachement de cavalerie ennemie, commandé « par un officier, est entré aujourd'hui à Seys-« sel; cet officier a commandé le logement et « les vivres pour trois mille hommes; il s'est « informé de Pierre-Châtel et de la force de « la garnison ainsi que de la quantité de per-« sonnes qui s'y trouvaient. Il paraît qu'ils « sont décidés à attaquer demain le fort. Ce « détachement est parti le soir de Seyssel et a « pris la route de Châtillon de Michaille. Le « fort l'Écluse s'était rendu sans se défen-« dre.

« Agréez, etc. »

THIÉRY.

J'apris dans la nuit que les brigades de gendarmerie et les douaniers s'étaient repliés et avaient passé le Rhône à la Balme, sous Pierre-Châtel.

Je me trouvais dans ce moment réduit à mes propres forces, sans espérance de secours; j'avais de la peine, avec ma faible garnison, à maintenir les prisonniers, qui étaient toujours prêts à se révolter, ce qu'ils auraient fait, s'ils n'avaient eu l'espoir d'être délivrés d'un moment à l'autre.

Telle était ma situation, l'une des plus critiques qui se soient présentées dans le cours de ma carrière militaire.

Ma faible garnison, obligée de rester continuellement sous les armes, se trouvait harassée. Ma position, quelque temps après, lorsque je fus entouré par trois mille hommes, me parut moins pénible.

Mais l'ennemi, jugeant à propos de se porter sur d'autres points, ne pénétra pas dans le Bugey.

J'écrivis plusieurs lettres au ministre de la police pour lui faire connaître l'embarras dans lequel je me trouvais, et, sur ma demande, il envoya des officiers de gendarmerie de Paris pour opérer l'évacuation des prisonniers, qui eut lieu le 11 pour les prisonniers d'État, et le 13 pour les condamnés à la déportation. On fut obligé de les embarquer sur le Rhône, parce que les routes n'étaient plus sûres.

Vers cette époque, un capitaine du génie arriva au fort, et fit faire quelques travaux; mais, manquant de fonds et prévoyant que d'un moment à l'autre cette place tomberait au pouvoir de l'ennemi, il retourna à Grenoble.

Le ministre de la guerre avait ordonné d'approvisionner le fort pour deux mois pour deux cents hommes, et de l'armer de trois bouches à feu, pour le mettre au moins à l'abri d'un coup de main; mais rien ne fut fait.

Un capitaine adjudant de place fut envoyé à Pierre-Châtel pour y faire le service. On lui remit en passant à Lyon huit mille cartouches, les premières munitions qui me soient arrivées.

Il vint aussi de Lyon un détachement de cinquante-quatre hommes du 32e d'infanterie légère, et quatorze canonniers de marine ; je renvoyai pour lors dans cette ville une trentaine de vétérans infirmes chargés de femmes et d'enfants, et qui ne pouvaient m'être d'aucune utilité.

L'ennemi avait fait des mouvements sur la droite et sur la gauche du fort ; il s'était emparé de Bourg et de Chambéry ; il avait fait faire une espèce de tête de pont à Seyssel, pour pouvoir pénétrer dans l'arrondissement de Belley quand il le jugerait à propos.

Ayant appris que le préfet provisoire de

l'Ain faisait faire des réquisitions de vivres et de fourrages dans l'arrondissement de Belley, et que plusieurs maires avaient déjà obtempéré à cette demande, et que d'autres étaient déjà prêts à les faire partir pour leur destination, je fis sortir du fort plusieurs détachements qui se dirigèrent sur divers points, avec ordre de signifier aux maires de ne point obéir aux ordres du nouveau préfet, à moins qu'ils n'y fussent obligés par force majeure; je fis restituer également aux habitants de plusieurs communes les denrées qu'ils avaient déjà fournis. Le maire de Chatonod ayant fait connaître qu'il enverrait le lendemain à Genève ce qu'on lui avait demandé, je fis saisir, dans la nuit du 26 au 27, la réquisition par un détachement qui l'amena au fort. D'après les instances du sous-préfet de Belley, je la lui fis rendre quelque temps après.

Le 4 février, l'ennemi envoya un détachement de quinze hussards, commandé par un officier, à Belley. Sitôt que j'en fus instruit, je fis marcher à sa rencontre un détachement de vingt-cinq hommes ; mais il se retira de suite sur la route de Saint-Rambert.

Un seul fait suffira pour montrer à quel point l'esprit public était contraire à l'invasion. Un officier ennemi s'était rendu à Belley avec des voitures escortées d'infanterie et de cavalerie, pour y faire des réquisitions ; il avait choisi exprès un jour de foire ; mais, voyant que les paysans se disposaient à les désarmer, il prit le parti de se retirer sans rien emporter. Les habitants les assaillirent avec tout ce qu'ils trouvèrent sous la main, même avec des boules de neige. L'officier, voyant qu'il était suivi, fit faire demi-tour à sa troupe, et commanda le feu ; plusieurs paysans furent victime de leur imprudence.

Pendant quelques moments de repos, j'employai une partie de la garnison aux travaux défensifs ; je profitai aussi de la bonne volonté des habitants des communes des environs qui m'aidèrent dans ces travaux.

Le 18, j'appris que M. le général Marchant avait repris Chambéry et qu'il se préparait à marcher sur Genève ; ayant entendu une forte canonnade dans la direction d'Aix, je fis partir aussitôt cinquante hommes commandés par le lieutenant Pestalozzi, qui passèrent le Rhône à la Balme et se portèrent sur le mont du Chat. Lorsqu'il y fut arrivé, cet officier envoya un émissaire au Bourget y commander des vivres pour douze cents hommes, afin de dissimuler la faiblesse de nos forces. Le stratagème réussit et la cavalerie autrichienne qui s'y trouvait opéra aussitôt sa retraite ; le soir, M. Pestalozzi, après avoir fait allumer des feux sur le haut du mont du Chat, et fait tirer quelques coups de fusil au hasard, revint au fort avec sa petite troupe, conformément à mes ordres. Cependant le général autrichien, qui d'Aix croyait voir le mont du Chat occupé par des troupes françaises, ne pouvait dissimuler son anxiété et pressait de questions le maire, qui ignorait entièrement ce mouvement.

Le 19, le général autrichien fit sa retraite sur Saint-Julien.

Les communications étant redevenues libres par l'évacuation de Bourg et par suite du mouvement du général Marchant sur Genève, j'envoyai à Grenoble un caporal d'artillerie pour réclamer auprès du comte de Saint-Vallier les trois bouches à feu accordées par le ministre de la guerre pour le fort. Malgré les entraves apportées par le directeur de l'artillerie, qui regardait ces pièces comme perdues, M. le commissaire du gouvernement ordonna qu'elles me fussent envoyées, et je reçus, le 5 mars, une pièce de huit et deux de quatre, avec deux cents coups à tirer pour chacune et des cartouches d'infanterie.

Je fis placer l'une des pièces de quatre dans la partie basse du fort, pour tirer sur les routes de Chemilieu et d'Yenne, et l'autre à l'extrémité du bois pour la diriger sur la plaine ; quant à la pièce de huit, je me réservai de la placer selon les convenances de la défense, quand l'ennemi aurait commencé ses attaques; j'en aurais eu davantage, que le défaut d'emplacement m'eût empêché de les utiliser, tant à cette époque le fort présentait peu de moyens de défense.

Dans le même temps, le sous-préfet de Belley me donna connaissance d'un décret de l'empereur qui mettait en activité les gardes nationales de son arrondissement. Connaissant parfaitement les bonnes dispositions des habitants, je n'hésitai pas à m'engager à les seconder de tous mes efforts, et à lui fournir tout ce qui serait possible, sans nuire toutefois à la défense du fort. Ce fonctionnaire montra alors le zèle et l'activité que réclamaient les circontances; il se hâta d'organiser la garde nationale, et de mettre le plomb et la poudre en réquisition pour faire des cartouches. Sans doute, là comme ailleurs les royalistes ont cherché à comprimer l'élan national; mais leurs efforts ont été infructueux au milieu de l'excellente population du Bugey.

J'appris le 15 mars que le duc de Castiglione opérait sa retraite sur Lyon, que le général Marchant se retirait sur Chambéry et que l'ennemi était rentré dans Bourg, avait passé l'Ain, s'était porté jusqu'à Amberrieux, et qu'il se préparait à marcher sur Belley par Saint-Rambert. M. le sous-préfet, en m'annonçant ces fâcheuses nouvelles, me prévenait en même temps que les gardes nationaux de son arrondissement étaient dans les meilleures dispositions; mais qu'il faudrait quelques troupes de ligne pour les guider. Quoique je n'eusse qu'une très faible garnison, je n'hésitai pas à faire partir sur-le-champ cinquante hommes du 32e qui était l'élite de ma garnison, avec ordre au commandant de s'emparer, s'il en était temps encore, du poste important des Balmettes, près de Torcieux, et de réunir le plus qu'il pourrait de gardes nationaux.

Le lieutenant Durbec, qui commandait ce détachement, trouva à son arrivée à Saint-Rambert la garde nationale disposée à le seconder, et alla prendre position aux Balmettes.

Le 17, l'ennemi attaqua ce poste; mais il fut repoussé avec perte. Le 21, je fis partir le capitaine Balthazar, adjudant de place, pour prendre le commandement du détachement du 32e et de la garde nationale. Je l'engageai en même temps à réunir sur sa route le plus de gardes nationaux qu'il pourrait, et de les mener avec lui à Saint-Rambert. A son arrivée, il apprit que le poste des Balmettes était attaqué; il se porta aussitôt sur le terrain avec tout ce qu'il avait pu rassembler de gardes nationaux qui s'y trouvaient; l'ennemi fut battu et repoussé jusque vers Amberrieux.

Dans cette occasion la garde nationale, commandée par M. Juvanon, montra un courage et un sang-froid dignes de militaires expérimentés ; elle sut, par son intrépidité, préserver du pillage la ville de Saint-Rambert, et c'est un hommage que je me plais à lui rendre ainsi qu'à son digne chef; mais malheureusement les événements ont rendu tous ces efforts inutiles[1].

(1) Je serais inexcusable si j'omettais de mentionner les actes de courage des habitants des autres parties du Bugey, qui, sans guides et mal armés, attaquaient constamment les détachements ennemis et surtout la cavalerie. Ces braves citoyens m'amenaient tous les jours des prisonniers que j'envoyais à Grenoble. Ils gardaient tous les passages, de sorte que l'ennemi n'osait plus se présenter avec de faibles détachements. Si le même esprit eût régné

Informé dans la nuit du 22 au 23 que Lyon s'était rendu et que des colonnes ennemies se portaient sur Belley, j'envoyai immédiatement ordre à M. Balthazar de rentrer au fort avec son détachement; il y arriva le 23 au soir. Pendant six jours que ce détachement était resté dans les gorges de Saint-Rambert, il n'avait eu à regretter, malgré des combats presque quotidiens, qu'un blessé et un prisonnier. On m'a assuré plus tard que les Autrichiens, au nombre de plus de douze cents hommes, en avaient eu plus de cent hors

dans toute la France, il est incontestable que l'ennemi aurait eu beaucoup de peine à s'y maintenir. Du côté de Roussillon, une trentaine de gardes nationaux attaquèrent un détachement de hussards, le mirent en déroute et firent plusieurs prisonniers qu'ils m'amenèrent; d'autres reprirent le fort l'Écluse sur une garnison autrichienne forte de cent trente hommes, en faisant rouler des pierres du haut du rocher. Je pourrais citer mille traits de cette sorte.

de combat; on n'en serait point surpris si l'on voyait la position qu'occupaient nos troupes.

Depuis environ deux mois je me trouvais, avec cent vingt hommes, isolé et sans autre communication que celle que je me procurais par des émissaires que j'envoyais à Lyon et à Grenoble; les troupes françaises les plus proches étaient à plus de vingt lieues; les généraux qui commandaient ces troupes étaient trop occupés pour pouvoir penser à moi, de sorte que j'étais tout-à-fait abandonné. Réduit ainsi à mes propres ressources, j'eus recours à M. Rivet, préfet de l'Ain, qui s'était retiré à Lyon depuis la prise de Bourg. Je trouvai en lui le plus grand empressement à m'accorder tout le concours qui était en son pouvoir; il me fit assurer des vivres pour le service journalier de la garnison par la ville de Belley; il m'autorisa à toucher chez le receveur particulier de cette ville, 2,200 fr.; les seuls fonds que j'aie reçus pendant près de quatre mois. 1,600 fr. furent employés pour la solde de la troupe, 300 fr. environ pour les divers travaux défensifs, et une pareille somme à peu près pour les dépenses que j'ai été obligé de faire pendant ces quatre mois, tant pour le paiement de mes émissaires que pour d'autres dépenses.

Le sous-préfet de Belley, homme consciencieux mais timide, retardait toujours l'approvisionnement du fort, malgré la lettre de M. Rivet, pour ne pas surcharger ses administrés de réquisitions. Cependant, me voyant à la veille d'être attaqué, je renouvelai mes instances auprès de lui, et j'obtins à grand' peine des vivres insuffisants. Je m'étais heureusement emparé de l'approvisionnement du fournisseur des prisonniers, et je me trouvais ainsi avoir une assez grande quantité de vins et de légumes secs; sans cela, je n'aurais pu faire une longue résistance.

Le 25, un détachement de cinquante dragons autrichiens s'avança jusque sous le fort; quelques coups de canon le firent reculer.

Je fis faire aussitôt une sortie; le commandant de cette troupe se porta jusqu'à Belley. Le 26, j'y envoyai également un détachement qui ne trouva point l'ennemi.

Le comte de Bubna, croyant tout l'arrondissement de Belley en insurrection, détacha de son corps d'armée, avant de marcher en avant, une colonne de sept mille hommes qui se porta sur Belley et y arriva le 27 et le 28. Cette troupe avait pris dans sa marche les plus grandes précautions, craignant de trouver beaucoup de résistance. Le comte de Linange, qui commandait cette colonne, fut très surpris du calme qui régnait à Belley, ce qui ne l'empêcha pas de faire annoncer que quiconque ne rendrait point ses armes serait puni de mort.

Le 28, le général autrichien fit en personne

une reconnaissance sur Pierre-Châtel, plaça des postes en avant du pont des Écassaz, et envoya des éclaireurs du côté de Brin et de Vérignien.

Dès ce moment je compris que l'intention de l'ennemi était de faire une attaque sérieuse sur le fort. J'étais mal approvisionné; il me manquait beaucoup de choses nécessaires; j'avais tout au plus pour douze jours de viande fraîche, et je n'en avais point de salée. Moi-même, habitué au service des camps, je savais à peine les détails de celui des places. Je n'avais reçu aucune instruction des autorités supérieures qui pût me diriger dans cette circonstance difficile. Cependant, à l'approche du péril, le zèle de ceux qui m'entouraient suppléa aux moyens qui me manquaient. Le sergent-major d'artillerie de marine dirigea le service du génie et de l'artillerie. Comme il ne s'y trouvait point d'officier de santé, je choisis le barbier des vétérans, qui avait quelques connaissances en chirurgie, pour en faire les fonctions. Il se servit d'une petite pharmacie envoyée de Paris pour les prisonniers, et qui nous fut d'une grande utilité. Il forma un hôpital et fit lui-même des instruments pour servir en cas d'amputation. Je choisis également un employé pour faire les fonctions de boucher et pour distribuer des vivres à la troupe. Un serrurier fit des piques en cas d'assaut[1].

J'avais fait placer sur la partie la plus élevée du fort, vers Vérignien et vers un des côtés les plus accessibles à l'ennemi, au-dessus des vignes de M. de Cordon, de grosses pierres

(1) Les gardes nationaux des campagnes m'avaient amené une quarantaine de déserteurs français sans armes; n'en ayant point à leur donner, je les fis armer de piques. La plupart de ces hommes étaient rongés de gale et communiquèrent cette maladie à une partie de la garnison. M. Martel, médecin des prisons, voulut bien les traiter, et les avait presque tous guéris lors de l'investissement.

pour faire rouler sur ceux qui s'y présenteraient.

Dans la matinée du 29, quatre mille hommes partirent de Belley et se dirigèrent sur Cordon pour y passer le Rhône et rejoindre la division du comte de Bubna ; de sorte qu'il ne restait plus à Belley qu'environ trois mille hommes.

Vers une heure après midi, on vint me prévenir qu'une colonne ennemie débouchait du pont des Écassaz, et se trouvait déjà à la hauteur du hameau des Champagnes. J'envoyai de suite dans un petit bois au-dessus de Vérignien un détachement de vingt-cinq hommes, commandé par M. Pestalozzi, avec ordre de laisser approcher l'ennemi avant de faire feu. Cette manœuvre, habilement exécutée, eut le plus grand succès ; les Autrichiens surpris se débandèrent à la première décharge, et on eut la plus grande peine à les rallier. L'ennemi rentra dans Vérignien, et la fusillade s'engagea pendant plus de deux heures

J'avais placé un autre détachement de vingt-cinq hommes à la hauteur du cellier de M. Brevart, pour favoriser la retraite du premier; mais, averti que l'ennemi occupait Chemilieu et qu'une colonne se dirigeait sur la montagne des Bancs, je fis battre la retraite et la troupe rentra.

Dès ce moment l'ennemi commença à investir le fort; trois cents hommes occupèrent le village de Vérignien, quatre cents environ la montagne des Bancs; il y en avait à Chemilieu, à la Balme et à Yenne, le reste était en réserve à Belley. Je fis évacuer les casernes, qui étaient exposées au feu de l'ennemi, et je plaçai la troupe dans le cloître du nord, le jour seulement; la nuit elle occupait la caserne au-dessus de la porte d'entrée et jusqu'à trois heures du matin; et depuis cette heure jusqu'à huit, elle restait sous les armes. Le 30, craignant que l'ennemi ne fît construire une batterie sur le chemin de Chemilieu, je fis faire une sortie de ce côté. Vers une heure du matin, ce détachement trouva les Autrichiens à deux cents pas du fort, et engagea une fusillade avec eux; mais dans la crainte que l'ennemi ne reçût du renfort, mon but étant d'ailleurs rempli, je le fis rentrer.

Des tirailleurs s'approchèrent du fort dans la matinée, et nous incommodèrent à tel point par leur fusillade qu'il n'était plus possible d'y circuler. A cette époque, comme je l'ai dit, il n'y avait point de fortifications régulières à Pierre-Châtel, et rien ne pouvait nous mettre à l'abri des coups tirés de la montagne des Bancs. Je fis placer des tirailleurs dans les greniers de la caserne n° 3, seul endroit d'où l'on pût riposter au feu de la montagne. Ils ôtèrent des tuiles et formèrent des espèces de créneaux d'où ils forcèrent l'ennemi à se retirer en arrière. Dans cette même matinée, le sergent-major Guizol étant monté sur un toit, tua l'offficier du génie autrichien, qui était venu vers la pointe de la montagne, du côté de Nan, pour tracer le plan d'attaque. Ce brave sous-officier fut constamment sur pied pendant toute la durée du siége; il fit le plus grand mal à l'ennemi; il ajustait si bien, que presque tous les coups qu'il tirait portaient, aussi l'ennemi était-il presque toujours caché dans les bois de la montagne.

Vers huit heures du soir, quelques coups de canon firent rétrograder une colonne ennemie qui cherchait à passer d'Yenne à la Balme.

Le fort est tellement dominé par la montagne des Bancs, que, du haut même du clocher, l'œil ne découvre que la partie basse de cette montagne. Ayant aperçu de ce point élevé, le 31 au matin, les travaux que faisait l'ennemi à l'extrémité, au-dessus du hameau de Nan, pour construire des batteries, et, n'en ayant aucune qui pût contrarier cette opération, je fis placer la pièce de huit sur le perron, qui est la partie la plus élevée du fort de ce côté. Cette batterie se trouvait couverte à droite et à gauche par deux pavillons, et elle était assise sur de fortes pierres de taille; je la fis masquer par des sacs et des tonneaux remplis de terre.

L'ennemi éprouvait les plus grandes difficultés pour faire monter ses pièces sur la montagne; il mit en réquisition deux cents paysans pendant huit jours pour en faciliter l'arrivée.

Dans la nuit, je fis faire une sortie sur la route de Chemilieu. J'acquis l'assurance que l'ennemi ne songeait point à construire de batterie sur ce point, ce que je craignais le plus, et ce qui lui aurait donné la possibilité de battre en brèche.

Toute la nuit, une fusillade bien nourrie se croisa entre la caserne n° 3 et la montagne des Bancs.

Le premier avril, vers deux heures après midi, j'envoyai dix soldats, commandés par un sergent, faire une reconnaissance sur la montagne; ce détachement se trouva tout à coup en face d'un poste ennemi de plus de cinquante hommes, qui, surpris à l'improviste et ignorant la disproportion du nombre, prit aussitôt la fuite; les nôtres firent une décharge et se retirèrent.

Vers minuit, je fis sortir la plus grande partie de la garnison ; le lieutenant Durbec se porta à la tête de cinquante hommes sur Saint-Blaise, descendit un petit sentier qui conduit au Rhône, arriva sur le bord sans rencontrer l'ennemi, et de là se porta sur le cellier de M. de Cordon, où se trouvait un poste autrichien ; mais, averti par les aboiements d'un chien qui avait suivi la troupe, il prit la fuite en laissant quelques morts. M. Durbec, entendant battre la générale dans le camp des Autrichiens, qui était près de là, et dans la crainte d'être coupé, s'empressa de rentrer au fort. L'ennemi s'étant porté en avant, la fusillade s'engagea, tant du côté de Vérignien que sur la montagne.

Le 2, la mousqueterie dura toute la journée sans aucun résultat, le feu de la montagne rendant la circulation dans le fort presque impraticable. Je fis construire avec quelques fascines et un peu de terre un chemin couvert qui conduisait de la porte, dite des Condamnés, à celle d'entrée.

Vers dix heures du matin, j'envoyai des hommes attaquer le poste de la Croix, sur le chemin de Chemilieu ; après des coups de fusil tirés de part et d'autre, ils rentrèrent. L'ennemi ayant tenté de se rapprocher du fort, quelques coups de canon l'en éloignèrent.

Dans la nuit du 2 au 3, je fis placer des paillassons le long des arbres pour masquer les hommes qui allaient à la batterie qui était dans le bois.

Le 3, à neuf heures du matin, on vint m'avertir qu'un officier autrichien se présentait en parlementaire; j'ordonnai de le faire introduire avec toutes les précautions qui se prennent en pareil cas. En montant la rampe qui conduit au perron, il fut exposé au feu de ses propres soldats, et faillit être atteint d'une balle; il crut que c'était un guet-apens; mais sachant ensuite la vérité, il envoya le tambour qui l'accompagnait pour faire cesser le feu de la montagne. La personne qu'on avait envoyée porter l'ordre de suspendre les hostilités n'était point encore arrivée sur cette montagne, qui est tellement à pic qu'il faut faire un grand détour pour y arriver.

Ce capitaine, introduit vers moi, m'apprit

qu'il venait de la part du baron de Neugebauer, son colonel et commandant les troupes du siége pour me sommer de rendre le fort. Je lui répondis que j'étais surpris d'une pareille démarche, que rien n'avait encore été fait pour me réduire à cette dernière nécessité; que d'ailleurs il pouvait lui déclarer qu'il était inutile de m'envoyer à l'avenir de pareils messages, et que j'étais décidé à me défendre jusqu'à la dernière extrémité, c'est-à-dire lorsque je manquerais de vivres ou que je me trouverais dans l'impossibilité de soutenir un assaut.

Cet officier parlait très bien français; je le crus d'abord émigré, mais j'appris de lui qu'il était de Namur. Il me dit que j'avais des paysans dans le fort et que je m'exposais à être passé par les armes. Je lui répondis que si ce qu'il me disait était vrai, il aurait à se repentir de ses paroles, et j'ordonnai à l'adjudant de place de le faire sortir sur-le-champ. Je lui fis bander les yeux et le fis reconduire ainsi jusqu'à la porte de Vérignien. Il m'écrivit le soir, en m'envoyant du tabac en poudre et des cigarres, que je l'avais mal compris. J'ai su depuis qu'il avait été capitaine dans le 112e régiment français, et qu'il avait déserté; au reste, dans ce régiment autrichien, il y avait beaucoup de Français.

La fusillade ne s'engagea de nouveau que le 4 à quatre heures du matin; les postes ennemis se rapprochèrent et on fit jouer les batteries qu'on avait achevées dans la nuit; l'ennemi tira environ quatre cents coups de canon et envoya plus de deux cents obus. Le bombardement continua jusqu'à neuf heures du matin; le feu était dirigé sur la caserne no 3, et la toiture étant presque entièrement détruite, les tirailleurs qui s'y trouvaient furent obligés de se retirer; le feu prit dans deux endroits de cette caserne et dans une écurie; il s'y trouvait heureusement une pompe dont la manœuvre fut faite avec un sang-froid admirable, sous le feu de l'ennemi, par les hommes non armés.

La pièce de huit pouvait seule riposter avec avantage, mais, à chaque coup qu'elle tirait, on était obligé de la mettre hors de batterie, parce que l'ennemi, dirigeant continuellement son feu sur elle, l'eût infailliblement démontée; je fus obligé d'employer les paillasses et les draps de lit pour faire des sacs à terre pour cette batterie, qu'il fallait reconstruire toutes les nuits, car, dans le jour, le feu de l'ennemi la détruisait entièrement.

Dans la nuit du 4 au 5, je fis tirer par la batterie du perron plusieurs coups de canon sur celles de l'ennemi, qui ripostèrent par une centaine de coups, et une soixantaine d'obus; mais notre feu fit le plus grand mal à l'ennemi. Un obusier fut démonté et plusieurs canonniers tués; une sortie que je voulus faire opérer sur la route de Chemilieu, échoua sans que nous eussions toutefois souffert.

Le 6, les batteries ennemies ne tirèrent qu'environ quatre-vingts coups de canon et envoyèrent une cinquantaine d'obus, qui firent peu de mal; les postes de la montagne, n'étant plus contrariés par les tirailleurs de la caserne nº 3, qui était toute découverte, s'approchèrent du fort et engagèrent une fusillade qui dura toute la nuit.

On aperçut, le 7 au matin, sur la montagne de Chevrec, dans la partie de Sudois, plusieurs officiers et beaucoup de paysans qui travaillaient; je vis facilement, du haut du clocher, qu'on y construisait de nouvelles batteries. J'ai su depuis que le commandant autrichien, voyant que son attaque ne produisait point assez d'effet, avait fait venir de Genève deux pièces de seize, deux mortiers et une grande quantité de munitions de guerre; que deux ou trois cents hommes de la petite ville d'Yenne et des environs avaient été employés à faire les travaux nécessaires pour conduire ces pièces sur la montagne; et qu'enfin, il avait également mis en réquisition cinquante paires de bœufs pour mener ces pièces à travers des passages qui présentaient beaucoup de difficultés.

Le 7, l'ennemi recommença son feu à midi, tira une quarantaine de coups de canon et une vingtaine d'obus; l'un de ces projectiles mit le feu à un bâtiment, mais de prompts secours arrêtèrent ce commencement d'incendie. Vers dix heures du soir, des Autrichiens étant venus prendre du vin dans le cellier de M. Brevart, les postes du bois tirèrent sur eux; les autres postes autrichiens, prenant ce mouvement pour une sortie de la garnison, firent feu sur les leurs, ce qui donna une alerte générale et occasionna une vive fusillade pendant toute la nuit.

Le 8, les batteries ennemies ne jouèrent que

vers le soir; elles envoyèrent une trentaine d'obus et tirèrent soixante coups de canon; la fusillade dura toute la journée comme de coutume.

Le 9, l'ennemi redoubla son feu; il tira trois cents coups de canon et envoya deux cents obus, depuis six heures du matin jusqu'à midi. Ce feu était dirigé en partie sur le cloître du midi; mais les murs étaient si épais qu'il fut peu nuisible. La pièce de huit ne put riposter que par douze coups; on était obligé de la mettre hors de batterie chaque fois. On s'aperçut dans l'après-midi que les assiégeants déplaçaient leurs pièces; je ne doutai plus alors qu'on ne se disposât à les transporter de l'autre côté du Rhône pour les établir sur la montagne de Chevru.

Vers deux heures après midi, un parlementaire se présenta à la porte de Chemilieu; je le fis introduire chez moi, et là, il m'apprit que M. le baron de Neugebauer, ayant su qu'un de mes officiers avait été blessé à la tête, et que je n'avais pas d'officier de santé, me proposait de le faire traiter à Belley, à condition qu'il serait prisonnier de guerre; je lui répondis que je n'avais ni officier ni soldat blessé, mais que si malheureusement cela arrivait, je profiterais de l'obligeance de M. le colonel, et que je le priais de lui en témoigner ma reconnaissance.

Le 10, jour de Pâques, aucune hostilité n'eut lieu de part et d'autre.

Le 11, la fusillade dura toute la journée.

Le 12, un parlementaire m'apporta un paquet contenant les bulletins des armées alliées, ainsi que les numéros du *Moniteur* qui annonçaient la prise de Paris, la déchéance de Napoléon et le gouvernement provisoire; il me remit en même temps une lettre de son colonel, dont je joins ici la copie.

« Monsieur,

« En homme d'honneur, vous avez refusé « de vous rendre à ma première sommation, « et vous avez essuyé deux bombardements; « j'avais pris la résolution de ne point vous en « faire une seconde; mais des circonstances « nouvelles et de la plus grande importance « me mettent, ainsi que vous, dans une po- « sition bien différente, et je mets au nombre « de mes devoirs de ne pas vous les laisser « ignorer : Paris s'est rendu; les bulletins offi- « ciels des armées des hautes puissances al- « liées vous feront connaître les détails de cet « événement définitif. La situation du fort de « Pierre-Châtel n'est d'aucune valeur militaire « pour les opérations de nos armées; l'armée « du Sud s'avance rapidement dans les dépar- « tements du Midi; le général de division, « comte Hardeg, occupe le département de « l'Isère; le comte de Bubna, celui du Mont- « Blanc; un coup d'œil sur votre situation

« réelle vous ôte tout espoir de secours; « votre sang-froid et la raison vous prouve- « ront que votre résistance vaine fait peser « les maux de la guerre sur un pays pauvre, « qui ne peut les supporter plus longtemps « sans être écrasé, et expose votre brave gar- « nison au refus de toute capitulation. De nou- « velles batteries sont établies; j'espère que « votre réponse m'empêchera de les mettre « en activité.

« Monsieur le commandant, vous avez satis- « fait à l'honneur militaire et aux devoirs d'un « bon Français envers sa patrie; que l'opiniâ- « treté ne vous fasse pas perdre l'estime que « vous avez acquise; réfléchissez qu'elle de- « vient criminelle lorsqu'elle est inutile.

« Il n'est point en mon pouvoir de vous of- « frir d'autre capitulation que celle de vous « faire prisonnier de guerre ainsi que votre gar- « nison. Permettez-moi de vous observer que « la bonne intelligence qui règne entre les

« hautes puissances alliées et le gouvernement « provisoire français ne laissera pas longtemps « dans le malheur un brave qui a si bien fait « son devoir.

« Agréez l'assurance, etc.

Signé : le baron de NEUGEBAUER, colonel commandant.

Belley, le 12 avril 1814.

Le parlementaire m'ayant prévenu qu'il avait ordre de faire recommencer les hostilités à son retour, si je ne lui donnais une réponse satisfaisante, je lui remis la lettre dont je joins ici la copie.

« Monsieur le baron,

« Vous m'avez fait l'honneur de m'envoyer « par un parlementaire des bulletins officiels « annonçant la reddition de Paris et la dé« chéance de l'empereur Napoléon, et une lettre

« par laquelle vous me sommez de vous rendre « le fort; je ne crois pas que ce soit un motif « suffisant pour vous le remettre. Je conserve « envers le gouvernement français, quel qu'il « soit, une responsabilité dont votre bombarde- « ment ne m'a pas dégagé; quoique j'attende « sans crainte celui dont vous me menacez, je « n'en désire pas moins vivement, monsieur le « baron, hâter la cessation des calamités qui « pèsent sur ce malheureux pays. La grande « question est décidée; vous êtes vainqueurs, « tout ce que nous pourrions faire n'influe- « rait en rien sur l'état des choses. Les hosti- « lités ont, selon toutes les apparences, cessé « partout; je vous propose en conséquence un « armistice qui durera tout le temps que vous « le jugerez convenable.

« Agréez, etc.

Signé : GARBÉ, commandant du fort.

Pierre-Châtel, le 12 avril 1814.

Le 13, une députation de la ville de Belley, composée de fonctionnaires publics et d'ecclésiastiques, se rendit au fort avec un parlementaire pour me prier de le remettre aux Autrichiens, afin de soulager le pays, d'après la promesse du commandant de se retirer avec ses troupes dès qu'il en serait maître. Je leur répondis que sans doute ils n'avaient pas réfléchi à la démarche inconvenante qu'ils faisaient auprès de moi; que, plus qu'eux, je gémissais des charges qui écrasaient ce pays, mais que je ne pouvais en hâter le terme aux dépens de mon honneur.

Je reçus le 13 une lettre du baron de Neugebauer, par laquelle il me mandait que le comte de Bubna l'autorisait à traiter avec moi sous les conditions suivantes :

1° Que la garnison remettrait les armes;

2° Qu'elle pourrait aller rejoindre le corps du général Marchand;

3° Que le fort ne serait occupé par aucune troupe et resterait sans garnison.

Je répondis que je ne pouvais pas accepter ces conditions.

Quoique les hostilités eussent cessé de fait, ce ne fut que le 14 que le baron de Neugebauer me proposa un armistice, avec la condition mutuelle d'avertir trois jours au moins avant de reprendre les hostilités; j'acceptai cette offre.

Le 16, un parlementaire autrichien vint de la part de son colonel m'engager à une fête que donnait la ville de Belley; je m'y rendis avec un officier de ma garnison. Je vis le colonel autrichien qui brûlait d'impatience d'occuper Pierre-Châtel; je lui fis observer que cette occupation ne pourrait lui être d'aucune utilité; que mon devoir ne me permettait point de le lui remettre; que d'ailleurs il pouvait être persuadé que je ne mettrais aucun obstacle au passage du Rhône par les troupes alliées sous le fort. La fête fut célébrée par une messe en musique, un banquet et un bal.

A mon retour au fort j'appris qu'il s'était manifesté quelque mécontentement parmi la garnison ; on n'en sera point surpris quand on saura que depuis plus d'un mois elle n'avait point reçu de solde ; je m'étais vu contraint de réduire, dès les premiers jours du siége, la ration de pain à vingt-deux onces au lieu de vingt-quatre. Les soldats n'avaient de la viande que deux jours par semaine ; le reste du temps ils vivaient de haricots assaisonnés avec de la graisse ou de l'huile. Il faut ajouter que ces hommes, qui avaient fait pendant trois semaines sans murmurer un service continuel de jour et de nuit, savaient alors que leur pays n'appartenait plus à la France ; les vétérans étaient presque tous Hollandais, le détachement du 32e léger ne se composait que de Piémontais, Toscans et Romains. Les uns et les autres s'attendaient à chaque instant à retourner dans leur patrie; ne voulant plus supporter de fatigues et de privations, ils paraissaient disposés à demander au commandant autrichien des feuilles de route pour regagner leurs foyers. Ainsi j'étais à la veille de me trouver abandonné avec les officiers, lorsque dans la nuit du 18 au 20, je reçus une lettre qui leva toutes les difficultés et rendit inutiles les tentatives de désertion.

Le colonel autrichien me mandait dans sa lettre que le comte de Bubna me proposait d'évacuer le fort avec armes, bagages, canons et munitions, sans qu'il fût occupé ni par les troupes françaises ni par les alliés; il me dit que si je m'y refusais, je resterais bloqué par une partie de son régiment, parce qu'il devait lui-même partir le lendemain avec le reste pour joindre le corps de M. de Bubna, et passer le Rhône à la Balme; il m'adressait en même temps des lettres de ma femme et d'autres personnes, lettres qu'il avait gardées depuis longtemps entre les mains.

Je crus devoir profiter de cette circonstance favorable pour me tirer d'embarras et éviter à mes braves soldats tout motif de déserter d'une place qu'ils avaient si vaillamment défendue.

Pierre-Châtel ne pouvait être considéré alors que comme un poste militaire, car il n'y existait aucune fortification régulière ni aucun moyens de défense organisés; ainsi je n'abandonnais qu'un rocher dont l'occupation cessait d'offrir aucune utilité.

Je répondis en conséquence au baron de Neugebauer que je l'engageais à passer au fort pour régler les conditions; il accepta les suivantes que je lui proposai.

Convention entre M. le baron de Neugebauer, colonel commandant les troupes devant Pierre-Châtel, et M. Garbé, commandant dudit fort.

Le colonel commandant les troupes alliées devant

Pierre-Châtel et le commandant dudit fort conviennent de ce qui suit:

ART. 1er.

Le fort de Pierre-Châtel, se trouvant dans un pays occupé par des alliés, sera évacué sous trois jours, à dater de la présente convention.

ART. 2.

La garnison en sortira avec tous les honneurs de la guerre, armes, canons, munitions, bagages, etc., et se rendra au premier poste des troupes françaises.

ART. 3.

Le fort ne pourra être occupé par aucune troupe que d'après un ordre du gouvernement provisoire français.

ART. 4.

Le commandant du fort désignera un concierge et des employés pour la conservation des bâtiments et de tout ce qui s'y trouve; il sera pris inventaire et dressé procès-verbal de ce qui compose le mobilier de la prison d'état, qui sera mis sous scellé et une copie en sera envoyée à son excellence le ministre de la police générale, à la disposition duquel sont ces objets.

ART. 5.

Il sera également dressé procès-verbal des munitions de guerre et de bouche qui ne pourront point être enlevées, qui seront également mises sous la garde du concierge, et dont copie sera envoyée au ministre de la guerre.

ART. 6.

M. le colonel commandant les troupes des puissances alliées se charge de faire fournir les voitures et chevaux nécessaires pour conduire les bagages et munitions jusqu'à leur destination.

ART. 7.

M. Balthazard, capitaine-adjudant de place, restera au fort pour y faire maintenir ladite convention et veiller à la sûreté des approvisionnements et mobilier. M. Perrier, secrétaire provisoire de place, y remplira les fonctions de concierge.

ART. 8.

Il sera désigné par M. le baron de Neugebauer un officier qui sera présent aux inventaires.

Signé : GARBÉ, capitaine commandant le fort, chevalier de la Légion-d'Honneur.

Signé : le baron de NEUGEBAUER, colonel du régiment de Vogelslau, commandant devant Pierre-Châtel.

Pendant les trois jours qui précédèrent notre départ, je fis mettre tout en règle et dresser les inventaires; il ne nous restait plus que pour trois jours de viande que je fis distribuer à la troupe.

Notre départ du fort eut lieu le 23 au matin. Quand la garnison fut rassemblée, je pris la parole, et, dans une allocution rapide, je lui témoignai ma satisfaction de la bonne conduite et de la discipline qu'elle avait su garder pendant près de quatre mois où nous nous étions trouvés isolés et sans communication avec les troupes françaises, manœuvrant à plus de vingt lieues de nous. Je ne dissimulai point à ces braves soldats mes regrets de ce que la chute de l'empereur Napoléon les privait des récompenses et de l'avancement auxquels notre défense, peu en faveur auprès du nouveau gouvernement, leur aurait infailliblement donné droit. J'ajoutai que, prêts à retourner dans leur pays, j'espérais qu'ils garderaient le souvenir de la France, qui si longtemps avait été leur patrie, et que leur cœur serait toujours français; je terminai en leur recommandant de marcher dans le plus grand ordre et de suivre la plus exacte discipline sur le chemin qu'ils allaient avoir à parcourir à travers les départements occupés par les troupes alliées, et en exigeant d'eux qu'aucun ne quitterait son poste jusqu'à ce que nous eussions remis les pièces d'artillerie dont nous étions dépositaires, à l'arsenal d'où elles nous avaient été envoyées; ils me le promirent et tinrent parole.

Je laissai le commandement au capitaine Balthazard et nous nous mîmes en route. Après avoir passé le Rhône, je rangeai ma troupe en bataille à la Balme; nous fîmes nos adieux au fort par une salve d'artillerie. Nous continuâmes notre route par le pont de Beauvoisin, où la troupe fut parfaitement accueillie des habitants. L'officier autrichien qui faisait le logement me donna un billet pour une maison particulière, mais je n'y allai pas; je préférai descendre à l'hôtel de la poste aux chevaux, où j'avais déjà logé plusieurs fois. Là, comme dans tous les pays voisins, la patriotique douleur des habitants éclata sur notre passage. La maîtresse de la maison, en me voyant, m'embrassa en pleurant; j'y fus traité on ne peut mieux, et, malgré toutes mes instances, on ne voulut rien recevoir.

Le 24, nous entrâmes dans le plus grand ordre à Voiron, qui était encombré de troupes autrichiennes. Le beau détachement du 32e, composé en partie de carabiniers, marchait en tête tambour battant; ensuite venait l'artillerie, les canonniers aux pièces, mèche allumée; les vétérans fermaient la marche. On ne peut se faire une idée de l'enthousiasme des habitants en voyant notre petite troupe; c'était à qui aurait offert l'hospitalité à nos soldats. Plusieurs habitants des plus notables voulurent me loger chez eux; je les remerciai et allai dans une petite maison de campagne, près de la ville, chez des personnes de ma connaissance.

Le 25, nous arrivâmes à Grenoble, occupé alors par plus de 10,000 Autrichiens. Ma troupe fut placée dans l'ancienne citadelle qui est dans la ville; on me logea à l'hôtel de la Barre, où l'Empereur descendit l'année suivante.

Après avoir remis mes trois canons et mes

munitions au directeur d'artillerie, je me séparai de la garnison de Pierre-Châtel à laquelle j'adressai de derniers adieux; une partie du détachement du 32e demanda des feuilles de route pour l'Italie, la plupart des vétérans en prirent pour la Hollande.

Le 26, le baron de Neugebauer me présenta au comte de Bubna, dans le salon duquel se trouvaient rangés à ce moment la Cour royale, le préfet et toutes les autorités de Grenoble : « C'est donc vous, monsieur, me dit-il, qui avez défendu témérairement votre Pierre-Châtel et qui avez préféré une résistance inutile à une reddition honorable. » Je lui répondis : « Général, si je m'étais rendu, vous m'auriez traité d'une pire manière, car vous m'auriez appelé lâche. » Il reprit alors, en me serrant la main : « Soyez tranquille, si tous les Français s'étaient conduits comme vous, peut-être ne serions-nous plus en France. »

Il me dit ensuite de venir le voir à sept

heures du soir après son repas, et m'engagea à dîner pour le lendemain; je le remerciai et le priai de m'excuser de ne pouvoir répondre à son invitation, ma place étant retenue pour Paris. Il me fit donner un passeport pour la capitale.

Le général m'entretint longtemps et avec effusion. Il me dit qu'il se trouvait dans une fausse position, connaissant parfaitement l'empereur; qu'il craignait qu'il ne passât par Grenoble pour aller à l'île d'Elbe. Il ajouta qu'il ne m'aurait point fait assiéger si je n'avais cherché à insurger les environs; je lui répondis que dans une guerre d'invasion principalement on doit prendre tous les moyens que ne réprouve pas l'honneur pour sauver son pays.

Je me séparai avec peine des braves lieutenants Pestalozzi et Durbec, et de l'intrépide Guizol, dont la conduite avait été au-dessus de tout éloge; ils partirent, avec les débris de leur détachement, pour rejoindre leurs corps respectifs.

Voici, d'après les états nominatifs que j'ai conservés entre les mains, quelle était pendant le siége la force numérique de la garnison de Pierre-Châtel.

Situation de la garnison du fort de Pierre-Châtel *pendant le siége.*

Corps	Détail	Nombre	Total
ÉTAT-MAJOR.	Capitaine commandant le fort. .	1	3
	Capitaine adjudant de place. . .	1	
	Secrétaire de place provisoire. .	1	
2e RÉGIMENT d'art. de marine.	Sergent-major d'art. de marine.	1	14
	Canonniers de marine.	13	
32e RÉGIMENT d'inf. légère.	Sous-lieutenant.	1	50
	Sous-officiers et chasseurs. . .	49	
11e BATAILLON de vétérans.	Lieutenant.	1	51
	Sous-officiers et vétérans. . . .	50	
Déserteurs de différents régiments non armés.			40
		Effectif. . .	158

A mon arrivée à Paris, je me rendis chez le général Dupont, qui était ministre de la guerre, et lui remis les pièces relatives au siége. Comme il m'avait connu et que je lui avais rendu quelques services dans sa disgrâce, il me demanda ce que je voulais qu'il fît pour moi; je ne sollicitai d'autres faveurs que d'être maintenu dans mon commandement. Quoique la remise officielle du fort ne lui eût pas encore été faite, il m'autorisa à y retourner pour y prendre provisoirement le commandement, jusqu'à ce qu'il m'eût fait confirmer définitivement.

Une ordonnance du roi, du 11 mai 1814, ayant supprimé les prisons d'état, tous les commandants furent remis à la disposition du ministre de la guerre. Le ministre de la police lui livra le fort, ainsi que le mobilier qui s'y trouvait; mais le ministre de l'intérieur, qui avait l'intention d'y faire reconduire les condamnés à la déportation, réclama les bâtiments destinés à cet usage, en offrant de les entretenir sur les fonds de son département. Le ministre de la guerre y consentit d'autant plus volontiers que, par suite du bombardement, ces bâtiments se trouvaient dans un très mauvais état; il envoya l'ordre au directeur, à Grenoble, de faire la démarcation, mais elle fut mal faite et jamais on ne la rectifia.

Je quittai Paris vers la fin de mai pour retourner à Pierre-Châtel. En passant à Bourg, je crus devoir me rendre chez M. Rivet, préfet de l'Ain; je rencontrai chez ce fonctionnaire un inspecteur du trésor, qui se plaignit vivement que j'eusse pris dans la caisse du receveur particulier de Belley 2,200 francs sans autorisation. Ma réponse fut courte et énergique; je lui dis que M. Rivet, préfet alors à Lyon, m'en avait donné l'autorisation; que de cette somme avait dépendu le salut du fort, et que, si j'avais un regret, c'était de ne m'être pas saisi de tous les fonds renfermés dans la caisse du receveur à l'approche de l'ennemi. Il me répondit qu'il eût mieux valu abandonner le fort que de prendre ces fonds. Des motifs de convenance personnelle m'empêchèrent de lui dire l'impression que faisaient sur moi des paroles si antinationales; mais je le revis ailleurs, et je pus lui témoigner librement toute mon indignation.

Je trouvai Pierre-Châtel, à mon retour, dans l'état où je l'avais laissé; les troupes autrichiennes avaient passé autour du fort sans chercher à y pénétrer; seulement le maire d'un village des environs avait voulu y envoyer une partie des troupes dont il était surchargé; on leur refusa l'entrée et ils n'insistèrent pas.

Dans le courant de juin, un détachement de 30 hommes du 76e de ligne vint prendre garnison au fort, et y ramena les condamnés à la déportation, dont le nombre avait toutefois subi une diminution sensible, par suite de la mise en liberté d'une grande partie d'entre eux. Cette fois, je ne fus plus chargé de cette administration, et j'en fus d'autant plus aise qu'ils étaient beaucoup plus mal nourris qu'auparavant et que je ne pouvais améliorer leur position.

Je revins à Paris ; j'y trouvai la confirmation du titre de capitaine adjudant commandant le fort de Pierre-Châtel, datée du 17 octobre.

Je ne fus de retour au fort que le 4 décembre. Pendant mon absence, le préfet de l'Ain y avait envoyé tous les condamnés à la détention que renfermait le département ; nous y vivions dans la tranquillité la plus parfaite, lorsque j'appris, le 4 mars au soir, par un gendarme qui passait sous le fort, le débarquement de Napoléon à Cannes. Vingt-quatre heures après, j'eus des détails plus positifs.

De jour en jour, l'empereur s'approchait de Grenoble, et je ne recevais aucun ordre ; ce ne fut que le 11 que je reçus une lettre du général Gauthier, commandant le département de l'Ain, qui m'enjoignait de m'opposer à toute tentative que pourrait faire Napoléon pour passer le Rhône à la Balme, dans le cas où il n'aurait pu le passer à Lyon.

Deux jours après, j'appris, par une lettre du capitaine de gendarmerie de Bourg, que le général Gauthier en était parti avec le 76e régiment pour rejoindre l'empereur ; nous apprîmes successivement l'arrivée de Napoléon à Grenoble, à Lyon et à Paris, mais ce ne fut que le 19 avril qu'un colonel, qui avait pris le commandement du département de l'Ain, m'écrivit de faire reconnaître l'autorité de l'empereur; depuis quelque temps déjà mes soldats avaient spontanément substitué la cocarde tricolore à la cocarde blanche.

Vers la fin d'avril, un détachement du 60e, fort de 100 hommes, vint relever celui du 76e.

Le général Marulas avait pris le commandement de la 6e division; il m'adressa le 8 mai une circulaire par laquelle il m'informait que le fort de Pierre-Châtel était en état de siége et m'indiquait les mesures à prendre pour l'approvisionnement; je reçus ordre en même temps de faire approvisionner le fort pour trois mois, sur le pied de 100 hommes.

J'écrivis de suite au ministre de la guerre pour lui faire part de mes idées sur la défense de la place; je lui démontrai que le point essentiel à occuper pour nous était la montagne desBancs; qu'il fallait surtout se ménager avec soin la possibilité de faire des sorties assez fortes pour diviser les troupes de l'ennemi, qu'il ne pourrait réunir qu'avec beaucoup de difficultés, à cause des obstacles qui s'y trouvaient. Tout en m'occupant de ces détails, je ne négligeai pas l'approvisionnement; il fut complété en peu de jours.

Quelque temps après, le ministre de la guerre ordonna que le fort fût approvisionné pour 500 hommes pendant trois mois, et, avant que j'eusse le temps d'exécuter sa décision, il m'en vint une seconde qui portait le temps à six mois. Je me rappelai l'épreuve que j'avais subie en 1814, aussi je mis toute l'activité possible pour accélérer cet approvisionnement; pour stimuler un peu la lenteur du sous-préfet, je lui envoyai un capitaine et 50 hommes à détacher dans son arrondissement, à l'appui de nos réquisitions.

Le détachement du 60e partit le 29 mai; il fut remplacé le même jour par la 14e compagnie de vétérans, forte de 150 hommes. Quatre compagnies de grenadiers du 2e bataillon de la Haute-Saône arrivèrent au fort le 2 juin pour y tenir garnison; le 8, ils furent suivis du 3e bataillon de retraités de la 6e division. Il était venu vers la fin d'avril un officier du génie et un entrepreneur pour commencer les travaux de fortification; ce qu'ils établirent de plus important fut un corps-de-garde défensif à l'entrée du fort et une petite porte de secours à côté du pont-levis.

M. le colonel d'Hautpoul, directeur du génie, vint au fort dans l'intention de mettre à exécution le plan de M. de Montpié, c'est-à-dire de faire construire un fort sur la montagne des Bancs. Nous parcourûmes ensemble cette montagne, et nous ne rencontrâmes que des obstacles; d'ailleurs nous n'avions pas assez de temps pour entreprendre un travail aussi important.

Nous nous arrêtâmes donc à faire construire une batterie pour riposter à celle qu'on pourrait élever sur la montagne de Chevru; mais elle n'était pas encore achevée qu'on reconnut qu'il y aurait du danger à y placer de l'artillerie, car l'ennemi, débouchant de Parves avec des forces assez considérables, aurait pu s'en emparer facilement. Nous fûmes donc obligés de détruire ce que nous avions fait.

Pour ne point donner à l'ennemi la facilité de s'embusquer dans le bois qui se trouve sur la montagne des Bancs, j'employai pendant plusieurs jours deux à trois cents paysans à le raser jusqu'à une distance où il ne put être dans le cas de nous nuire.

Dans les premiers jours de juin, le chef de

bataillon Caron, président de la commission de l'approvisionnement, m'informa que celui du fort était presque complet pour 500 hommes pendant six mois. J'avais reçu sept bouches à feu avec une grande quantité de munitions de guerre; on m'avait aussi envoyé de Besançon, sur ma demande, trois cents et quelques fusils de rempart, qui étaient d'autant plus utiles que les fusils ordinaires ne pouvaient atteindre la montagne de Chevru, et enfin trois cents bombes. Le duc d'Albuféra m'écrivit le 5 juin la lettre suivante :

« Monsieur le commandant,

« L'officier que vous m'avez expédié vient « de me remettre votre rapport et votre situa- « tion de ce jour; gardez, pour la garnison de « Pierre-Châtel la compagnie de vétérans et « les 329 militaires retraités, et envoyez à « Belley les gardes nationales de la Haute- « Saône. J'écris au sous-préfet de cette ville

« pour qu'il envoie au commandant du génie « de votre fort les bois de blindage dont il a « besoin.

« J'ai ordonné que l'on vous envoyât cent « mille cartouches et cinq cents fusils; mon « intention est de faire à Pierre-Châtel un « grand dépôt en approvisionnement de vi- « vres et de guerre. Je vous recommande de « tenir vos magasins en état pour les recevoir.

« J'ai l'honneur, etc.,

« Le duc D'ALBUFÉRA. »

Le ministre de la guerre m'avait envoyé des lettres de service, comme commandant d'armes de quatrième classe, datées du 14 mai; il m'adressa, sous la date du 15, des lettres-patentes de commandant supérieur.

Enfin, par décret du 20 mai, je fus nommé

chef d'escadron avec de nouvelles lettres de service.

Je reçus à la même époque des lettres de service pour M. Balthazard, comme capitaine adjudant de place, et pour M. Périer, comme secrétaire de place.

Le 12, un officier d'état-major du général en chef vint me prévenir que le duc d'Albuféra allait arriver. J'eus à peine le temps de rassembler la garnison, que le maréchal passa en revue. Il descendit chez moi avec son état-major qui était très nombreux, fit la visite du fort, que le mauvais temps l'empêcha de le voir plus en détail, parut très satisfait des renseignements que je lui donnai sur le pays et sur le bon esprit des habitants, et me prévint que les hostilités devant commencer le 14, il fallait prendre mes mesures en conséquence. Le maréchal partit le soir pour retourner à Chambéry.

Le 14, je reçus la lettre suivante :

« Monsieur le commandant,

« Son excellence, voulant vous mettre à « même de pousser vos travaux avec la plus « grande activité, a fait donner par M. le pré- « fet du Mont-Blanc l'ordre à la commune « d'Yenne et à celle de la Balme de vous four- « nir cent vingt travailleurs ; ils doivent être « mis à votre disposition, et vous pouvez les « requérir. Vous devez, monsieur le comman- « dant, mettre la plus grande activité à l'a- « chèvement de vos travaux ; vous devez oc- « cuper et tenir sous votre influence les points « que je vous désigne ci-après, savoir :

« Culles,

« Passage de Lucey,

« Yenne, où vous détacherez un officier et « vingt hommes,

« Molard-de-Vion,

« Chanaz,

« Saint-Rambert,

« Et Saint-Genis.

« Vous vous tiendrez en communication « fréquente avec le général Maransin, et vous « m'adresserez des rapports et situations.

« Je joins ici un ordre au commandant du « bataillon de la Haute-Saône qui est à Belley, « d'en partir le 16 pour se rendre à Coullan- « ges, près du fort l'Écluse ; il y sera sous les « ordres du général Maransin. Je vous prie de « remplir son itinéraire ; il ne peut faire cette « marche avec la troupe dans un jour, mais « faites-le marcher le plus vite possible.

« Agréez, etc.,

« Pour le général en chef,

« Le chef d'état-major,

« SAINT-CYR-NUGUES. »

J'avais reçu une assez grande quantité de fusils que je fis distribuer dans les arrondissements de Belley et de Nantua. J'avais également armé les bataillons des retraités de l'Ain et des grenadiers de la Haute-Saône. Le général en chef m'avait donné l'ordre d'organiser deux compagnies de partisans, à qui je devais fournir ce qui était nécessaire, et même du canon au besoin ; mais ces compagnies ne purent recevoir qu'un commencement d'organisation.

Les hostilités venaient de commencer du côté de Chambéry, le maréchal Suchet, après quelques succès, s'était porté à plusieurs lieues au-delà de Montmellian, dont il s'était rendu maître. On avait reçu également des nouvelles favorables du Nord; ces succès répandaient l'allégresse parmi nos troupes, mais elle fut de courte durée.

Il était possible que le général en chef, n'ayant qu'une faible armée en partie composée de gardes nationaux, fût contraint d'abandonner l'offensive, dans la crainte surtout d'être débordé par la gauche du côté de Genève; mais il avait une belle ligne défensive sur le Rhône, en prolongeant sa droite sur le fort Barreau et les échelles. Il avait fait fortifier le Mont-du-Chat, Chanaz, le Molard-de-Vion et Bellegarde, d'où il s'appuyait au fort l'Écluse; il pouvait, avec les excellentes dispositions des troupes et des habitants du pays, défendre ces postes avec avantage. Mais le funeste résultat de la bataille de Waterloo vint détruire tous ces moyens de résistance. Il fallut abandonner toutes ces belles positions sans les défendre.

Le 24, je reçus par un brigadier de gendarmerie un paquet de M. le duc d'Albuféra qui m'annonçait notre défaite de Waterloo; je pressentis dès lors les malheurs qui allaient fondre sur notre patrie, et les conséquences d'une nouvelle restauration.

Faute de fonds, le génie avait été obligé de faire cesser les travaux défensifs qui, par suite, étaient restés très incomplets; nous ne pouvions les faire continuer que par réquisition.

Le général en chef, après avoir fait une espèce de suspension d'armes avec le comte de Bubna, effectua sa retraite; il dirigea l'infanterie par le Mont-du-Chat, la cavalerie et le matériel par le pont de Beauvoisin, sur la Balme, sous Pierre-Châtel, où il passa le Rhône vers la fin de juin. Je me rendis à son passage pour prendre ses ordres et tâcher d'en obtenir quelques renforts. Je le trouvai très triste; il me répondit qu'un renfort serait inutile, attendu que sous peu de jours tout serait terminé; il ajouta qu'il allait établir son quartier-général à Belley, et qu'il irait de là à Nantua. J'appris le lendemain qu'il était parti pour le pont d'Ain.

Le général Pannetier était resté en avant

avec sa division; il gardait les échelles et le passage de la Biche avec une brigade; l'autre brigade, commandée par le général Gay, occupait le Mont-du-Chat, Chanaz, etc. Le général Maransin couvrait avec sa division le fort l'Écluse, et s'appuyait sur Bellegarde et Seyssel.

Le 2 juillet, le général Gay fit sa retraite sur Belley; et le général Pannetier sur le pont de Beauvoisin. Le même soir deux bataillons autrichiens passèrent le Mont-du-Chat et vinrent camper à Chevelu. Le général Gay rejoignit le maréchal Suchet qui se retirait sur Lyon, et le général Maransin fit également sa retraite sur le même point.

Un détachement du 4e d'artillerie légère qui se trouvait à Bellegarde avec cinq pièces de quatre, n'ayant point de chevaux pour les conduire, les embarqua sur le Rhône et les amena à Pierre-Châtel.

Le 3, l'ennemi s'approcha d'Yenne. J'avais organisé dans la garnison une compagnie de tirailleurs, pris parmi les hommes les plus valides. J'envoyai cette compagnie garnir les hauteurs de Saint-Didier, en face d'Yenne, pour en défendre le passage; il s'y engagea une fusillade qui dura une partie de la journée. J'avais un détachement à Seyssel pour défendre le passage du pont; il fut attaqué par des forces supérieures, et obligé de se replier sur Pierre-Châtel. Je plaçai sur la montagne des Bancs une compagnie de service qui devait être renforcée d'une autre en cas d'attaque.

Jusque-là l'ennemi ne s'était montré que sur la rive gauche du Rhône; une partie de ses troupes, qui étaient à Yenne, s'était portée sur Saint-Genis et la Balme.

Ayant appris, dans la journée du 5, qu'un détachement de dragons autrichiens était à Belley, je fis partir sur-le-champ cinquante hommes, commandés par un capitaine, pour attaquer cette troupe. Le capitaine Mayot, qui était de Belley et qui commandait notre petite troupe, ne voulut point engager de combat dans la ville ; il préféra passer derrière, et alla s'embusquer sur la route de Seyssel, près de la caserne de la gendarmerie. Le détachement ennemi, que certaines personnes de Belley avaient peut-être, dans leur enthousiasme pour les alliés, un peu trop fait boire, quita la ville sans beaucoup d'ordre et se retira au grand galop. Il reçut en passant une décharge qui lui tua un homme et en blessa plusieurs; on fit un officier prisonnier, et on prit deux chevaux que le détachement ramena au fort. Le capitaine Mayot aurait pu leur faire plus de mal, mais il craignait de compromettre la ville où était sa famille.

Deux jours après, une colonne ennemie se porta sur Belley ; mais ne s'y croyant point en sûreté, elle se retira derrière le pont d'Ander, sur le Furand.

Le 9, un soldat du poste de Saint-Blaise en faction sur le bord du Rhône, ayant adressé quelques propos injurieux au soldat autrichien qui était sur l'autre rive, en reçut un coup de fusil qui le blessa ; ce soldat amené au fort mit l'exaspération parmi ses camarades qui, sans ordre, conduisirent une pièce de quatre sur la pointe de la Balme, et tirèrent sur la maison de M. de Cordon. Ayant entendu le bruit du canon, je demandai au commandant de l'artillerie si c'était par son ordre qu'on tirait. Sur sa réponse négative, je me rendis sur les lieux avec lui; j'y fis cesser le feu et battre la générale; la troupe étant assemblée, je reprochai vivement à ces vieux militaires leur insubordination, et je leur fis sentir que je ne pouvais tolérer une telle conduite dans un moment où la place pouvait être assiégée. Je formai sur-le-champ un conseil de guerre, et je nommai le chef de bataillon Caron, commandant des retraités, président, et M. Tassin, officier du génie, rapporteur.

J'avais reçu ordre du général en chef de faire descendre tous les bateaux qui se trouvaient sur le Rhône, depuis Seyssel jusqu'à Lyon ; mais des circonstances imprévues m'obligèrent de les garder sous le fort, et de crainte qu'ils ne tombassent entre les mains de l'ennemi, j'envoyai dans la nuit le garde du génie avec un détachement pour les faire couler. J'écrivis en même temps à M. le comte Henri de Cordon que si, dans quarante-huit heures, les Autrichiens n'avaient pas évacué le château de la Balme, je le ferais canonner.

Le 11, M. le comte Henri répondit à ma lettre en m'en communiquant une du comte de Bubna, commandant les troupes autrichiennes sur la rive gauche du Rhône, par laquelle il autorisait le commandant autrichien à Yenne à conclure une suspension d'armes avec le commandant de Pierre-Châtel.

J'envoyai le commandant du génie à la Balme pour en régler tout ce qui était relatif à cette convention, qui fut arrêtée en ces termes :

Le commandant supérieur du fort de Pierre-Châtel et le commandant des troupes autrichiennes, piémontaises et autres qui se trouvent sur la rive gauche du Rhin, depuis Chanaz jusqu'à Saint-Genis, conviennent des conditions suivantes :

ART. 1er.

Il y aura suspension d'armes indéfinie entre les troupes autrichiennes, piémontaises et autres qui se trouvent sur la rive gauche du Rhône depuis Chanaz jusqu'à Saint-Genis, et les troupes françaises composant la garnison de Pierre-Châtel, à compter de la signature de la présente convention.

Art. 2.

Le passage sur la route d'Yenne à la Balme est interdit aux troupes autrichiennes, piémontaises et autres; il ne sera dirigé sur cette route aucune voiture ni convoi militaire; le passage sera permis de jour à des militaires isolés et autres particuliers.

Art. 3.

La navigation du Rhône est absolument interdite aux deux parties contractantes; elles s'engagent à faire respecter cette condition aux personnes non militaires.

Art. 4.

Le poste de la Balme se retirera au village du Besson sans le dépasser du côté de Pierre-Châtel; il pourra tenir une sentinelle sur le bord du Rhône, au poste de la Balme.

Passé en double à la Balme, le 12 juillet 1815.

Le commandant du génie du fort de Pierre-Châtel,
muni des pouvoirs du commandant supérieur
Signé : Tassin.

Le commandant des troupes autrichiennes.
Signé : Duka.

ART. ADDITIONNEL.

Il ne se fera aucun passage sur la rive gauche du Rhône depuis Chanaz jusqu'à Saint-Genis, pas même des hommes isolés de la part des troupes autrichiennes et autres; il en sera de même de la rive droite de la part de la garnison de Pierre-Châtel ou de personnes non militaires.

Signé : TASSIN, DUKA.

Ratifié par le chef d'escadron, commandant supérieur du fort de Pierre-Châtel.

Signé : GARBÉ.

La convention que je venais de faire ne regardait aucunement les troupes qui appartenaient à une autre armée et qui se trouvaient sur la rive droite du Rhône. A peine l'officier qui avait signé cette convention était-il rentré au fort, qu'on vint m'annoncer qu'une colonne ennemie, forte de sept à huit cents hommes, partis du camp d'Ander, ayant mis en réquisition, en passant à Belley, une centaine d'habitants avec des pelles et des pioches, avait marché sur Vérignien où elle était déjà arrivée.

Comme je n'avais au fort que de l'eau de citerne et qu'il était de la plus grande importance de la ménager, j'envoyais deux fois par jour soixante et quelques bœufs qu'on nourrissait pour l'approvisionnement, boire au Rhône. Au moment où je reçus cette nouvelle, ces bœufs étaient dehors ; je les crus un instant tombés aux mains de l'ennemi. Heureusement le commandant de l'escorte prévit ce danger, et les mit à l'abri en les conduisant dans la montagne du côté de Chemilieu.

Après avoir fait prendre les armes à la garnison, je fis sortir la troisième compagnie de retraités commandés par le capitaine Mayot, à qui je donnai l'ordre d'aller occuper le petit bois qui domine Vérignien ; il n'y trouva qu'une avant-garde avec laquelle il engagea une fusillade, et qu'il força à rétrograder sur le gros de la troupe qui se trouvait au hameau de Champagne. J'avais envoyé la première compagnie de retraités sur Chemilieu ; j'avais également détaché un renfort sur la montagne des Bancs, lorsque j'appris que l'ennemi, qui s'était rallié au hameau de Champagne, marchait par peloton sur la grande route. J'ordonnai au commandant de l'artillerie de faire placer une pièce de canon et un obusier sur la pointe du fort qui regarde Vérignien et d'y établir le centre de son feu. Je plaçai la 14e compagnie de vétérans depuis le presbytère jusque près d'un cabaret où la route fait le coude, en lui faisant détacher quelques tirailleurs en avant. Je fis revenir la 1re compagnie des retraités qui n'avait trouvé personne à Chemilieu ; et lui fis longer la montagne en face de Vérignien. Ma troupe occupait une excellente position et se trouvait garantie et couverte par des haies, tandis que l'ennemi était tout-à-fait à découvert sur la grande route, exposée à la batterie du fort qui lui faisait un mal considérable. Nous étions solidement placés et formions un demi-cercle autour de lui, en faisant un feu continuel sur ses hommes qui étaient en masse. Je n'étais pas assez fort pour me porter en avant; d'ailleurs la position que j'occupais était trop avantageuse pour la quitter, et enfin j'avais à craindre la cavalerie.

La fusillade avait commencé vers quatre heures et dura jusqu'à neuf heures du soir. A la nuit tombée je fis battre la retraite, et mes soldats rentrèrent au fort sans être inquiétés. L'ennemi mit en réquisition toutes les voitures qu'il put trouver dans les environs pour transporter ses blessés, et il traversa ainsi Belley vers minuit. Malgré les efforts des Autrichiens pour soustraire leurs pertes à la vue des habitants, ils ne purent les empêcher d'entendre les cris qu'arrachait la douleur à leurs blessés. Ils eurent, dans cette affaire, près de deux cents des leurs hors de combat. Je fus obligé d'envoyer le lendemain des hommes pour faire enterrer leurs morts. De mon côté je n'eus que quatre à cinq soldats du bataillon des retraités atteints de blessures légères et trois de la 14e des vétérans, mais dont deux le furent mortellement. Nous fîmes un officier et une douzaine de soldats prisonniers.

La conduite et le sang-froid des nôtres furent on ne peut plus dignes d'éloges.

Les deux compagnies du bataillon des retraités, dont une partie sortait de la garde impériale, se montrèrent dignes de leur ancienne réputation. La 14e compagnie de vétérans attaquée par des forces supérieures, sut se maintenir dans sa position, et fit éprouver à l'ennemi une perte considérable. Nous eûmes à regretter dans les vétérans un caporal âgé de soixante-quatre ans, qui se battit avec un courage incroyable.

Malheureusement je me trouvais dans la même position qu'en 1814; les événements qui survinrent les privèrent de la part des récompenses qu'ils avaient si bien méritées.

Je ne pouvais m'expliquer comment le commandant des Autrichiens s'était ainsi risqué sous le canon du fort sans aucun espoir de succès, et dans une tentative presque désespérée. J'eus plus tard une explication de sa conduite qui fit cesser mon incertitude à cet égard. Une convention passée le 11 entre le duc d'Albuféra et le baron de Frimont, général en chef des troupes autrichiennes, portait en substance, dans une de ses clauses (art. 20), « que les « fondés de pouvoirs de son excellence le gé- « néral en chef de l'armée autrichienne ayant « fait la demande de la cession des forts Bar- « reaux et Pierre-Châtel, MM. les fondés de pou- « voir de son Exc. le duc d'Albuféra ayant dé- « claré n'être pas autorisés à consentir à cette « cession, on est convenu de remettre cette

« question à la décision des gouvernements « respectifs. »

Cette convention devait être applicable à toutes les places fortes comprises dans le rayon que commandait le duc d'Albuféra; mais sitôt que le baron de Frimont vit les négociations entamées, il envoya l'ordre au commandant autrichien qui était au pont d'Ander de se porter sur Pierre-Châtel; de s'y retrancher dans les positions les plus avantageuses et de s'y maintenir par tous les moyens possibles afin que la convention de Lyon, en arrivant au fort, nous trouvât cernés de toutes parts de très près.

Cet officier crut devoir exécuter promptement, et à la lettre, les ordres de son général. Aussi voulant s'établir au pied du fort sans en avoir connu les localités, resta-t-il entièrement à découvert. On a vu plus haut le résultat de sa tentative.

J'avais pris part, le 29 avril 1792, au premier combat qui ouvrit les longues guerres de la révolution française; nous y avions été battus, ce qui depuis ne nous empêcha pas de marcher de succès en succès. Dans cette dernière rencontre du 12 juillet 1815, où fut échangé le dernier coup de feu de toutes ces luttes, la victoire nous resta ; mais elle ne put influer sur les événements. Les destinées s'accomplirent : les troupes alliées s'avançaient de toutes parts; elles occupaient déjà la capitale.

J'enfreignis dans cette circonstance les règlements militaires qui défendent à un commandant supérieur, dans une ville en état de siége, d'en passer les ouvrages avancés. Je me mis à la tête de la sortie; on me vit partout où il y avait du péril; à vrai dire, je tenais peu à la vie. J'étais instruit des événements de la guerre; je prévoyais les malheurs qui allaient fondre sur la France, et les réactions dont nous tous devions être victimes;

je pensais que la haine du nouveau pouvoir, les vexations, les disgrâces allaient devenir le partage de ceux qui m'accompagnaient; aussi me vit-on partout courir au-devant de la mort. La Providence voulut qu'elle ne m'atteignît pas. J'en appelle à ceux qui étaient présents pour rendre témoignage de la vérité.

Le 13, je fis diriger une reconnaissance sur Belley; mais l'ennemi n'y avait point paru. Le 14, j'appris qu'après être rentré dans la ville, il avait envoyé des postes jusque vers le pont des Eccassaz. Au moment où j'allais faire prendre les armes à ma garnison, un capitaine en parlementaire vint au fort, accompagné d'un officier de dragons qui me remit une lettre en allemand, avec une traduction en mauvais français, dont je donne ici la copie.

« Monsieur le commandant,

« J'ai l'honneur de vous participer par un

« de mes officiers la cause pourquoi je m'ap-
« proche de votre fort avec mes troupes; hier
« le 13 à midi, j'ai reçu du général comman-
« dant les troupes autrichiennes, M. le maré-
« chal de Frimont, la nouvelle intéressante de
« la convention conclue avec M. le maréchal
« Suchet, commandant les armées françaises
« des Alpes; que, pour éviter toute hostilité et
« désastres dans les campagnes, les troupes
« françaises ont cédé Lyon et tout le pays
« qu'ont occupé les troupes autrichiennes dans
« la dernière guerre de 1814, et lesdites trou-
« pes françaises se sont retirées, d'après la con-
« vention faite entre les deux armées : par
« conséquent, monsieur le commandant, je
« vous invite, par ordre de mon général, M. de
« Frimont, à vouloir aussi, pour éviter tous
« désordres et toute hostilité entre nous, con-
« clure une convention et mettre fin à tout
« événement, car il y a trop longtemps que
« cela dure. Ainsi, M. le général de Frimont
« m'ordonne à vous demander le fort et me

« donner une réponse déterminée à cet article; « pour traiter en amis, je vous envoie un officier, lequel pourra conclure avec vous, monsieur le commandant, une convention de part « et d'autre honorable; et dans le cas qu'elle « n'ait pas lieu, je vous invite dans vingt-quatre « heures de m'en faire avertir, comme moi de « même je vous promets de vous faire avertir. « Ce qui est bien sûr, c'est que, d'après cette « convention entre nous, notre honneur ne « sera pas compromis, et nos armes de part et « d'autre seront respectées.

« D'Ander, le 14 juillet 1815.

« ALLERSBOURG, colonel commandant les « troupes autrichiennes dans le Bugey. »

Je dis au parlementaire que, quant à la remise du fort, nous remettrions cette affaire à une autre époque; que je ne demandais pas mieux que de faire cesser les hostilités ; qu'à cet effet j'enverrais le lendemain un de mes officiers à Belley pour convenir des conditions. Je fis partir le commandant du génie muni de mes instructions. Le commandant autrichien était si bien disposé, qu'il accéda à tout ce qu'on lui proposa. On fit la convention dont voici le texte :

Le commandant supérieur du fort de Pierre-Châtel, et le commandant des troupes autrichiennes dans le Bugey, font la convention suivante :

ART. 1er.

Il y aura suspension d'armes, à compter de la signature de la présente convention, entre les troupes composant la garnison du fort de Pierre-Châtel et les troupes autrichiennes dans le Bugey.

ART. 2.

Les troupes autrichiennes se tiendront à la distance d'une grande portée de canon des ouvrages avancés du fort, c'est-à-dire qu'elles occuperont la rive droite du ruisseau de Ousson, depuis son embouchure dans le Rhône jusqu'au village appelé les Eccassaz. Elles se replieront sur une ligne directe passant par l'embranchement des deux routes de Belley à Pierre-Châtel et allant jusqu'à la montagne qui tient au fort du côté du nord; la maison de M. de Meaupetit, dans l'allée de laquelle passe la ligne de démarcation, restera neutre.

ART. 3.

La garnison de Pierre-Châtel occupera tous les villages qui sont sur la rive droite du Rhône depuis l'embouchure du Ousson jusqu'à y compris Massignieux-de-Rive; le village le plus avancé qu'elle tiendra vers le nord sera Parves. Ses postes avancés sur la montagne qui tient au fort du côté du nord, seront à quinze cents toises de l'entrée du fort; le reste de la montagne jusqu'à la route de Belley à Seyssel, par Cressin, restera neutre.

ART. 4.

Il sera délivré un passeport à un officier de la

garnison de Pierre-Châtel pour se rendre en poste auprès du général en chef de l'armée française des Alpes, pour s'assurer de la suspension d'armes qui existe entre les armées françaises et autrichiennes et prendre les instructions du général en chef. La présente convention ne durera que jusqu'au retour de cet officier, époque à laquelle on en fera une autre commune avec les troupes autrichiennes de la rive gauche du Rhône.

Art. 5.

Les troupes autrichiennes sur la rive droite du Rhône ne pourront faire aucun retranchement pendant le temps de la suspension d'armes ; elles ne pourront être ni augmentées ni diminuées.

Art. 6.

La garnison de Pierre-Châtel ne pourra pas être augmentée ; elle prendra ses vivres au dehors dans les villages qui lui sont réservés pendant la suspension d'armes ; elle ne pourra pas augmenter ses approvisionnements de siége ; elle ne fera aucun retranchement aux avant-postes.

ART. 7.

Les deux parties contractantes seront tenues de s'avertir mutuellement vingt-quatre heures d'avance, dans le cas de la reprise des hostilités.

Fait en double à Belley, le 15 juillet 1815.

Signé : ALLERSBOURG, commandant des troupes autrichiennes dans le Bugey.

Le lieutenant commandant du génie au fort de Pierre-Châtel.

Pour le commandant supérieur, et par son ordre :
Signé : TASSIN.

Ratifié par le chef d'escadron commandant supérieur du fort de Pierre-Châtel.

Signé : GARBÉ

Je fis partir sur-le-champ M. Verner, officier de sapeurs, pour porter cette convention au duc d'Albuféra et prendre ses ordres; cet officier revint le surlendemain et me rapporta la réponse suivante :

« Armée des Alpes.

« Au quartier-général à Grange-Blanche, le « 16 juillet 1815.

« Monsieur le commandant,

« M. le maréchal duc d'Albuféra me charge « de vous informer qu'il a reçu l'expédition « que vous venez de lui adresser de la convention conclue par vous à Belley, le 15 juillet, « relativement au fort que vous commandez. « Il approuve ce que vous avez fait; il m'ordonne de vous transmettre la convention générale qu'il a conclue le 11 juillet avec le général en chef autrichien; comme elle est « commune à toute l'armée, elle vous servira « de règle dans vos rapports avec l'officier autrichien qui commande devant vous en tout

« ce qui n'est pas réglé par la vôtre, et elle « devra avoir franchement son exécution de « part et d'autre. Je vous invite à vous confor« mer à ces dispositions.

« J'ai l'honneur, etc.

« Le chef d'état-major, SAINT-CYR NUGUES. »

Cet officier me remit en même temps une lettre du commandant de l'armée de réserve autrichienne, ainsi conçue :

« Monsieur le commandant du fort de Pierre-« Châtel,

« Son excellence le général en chef de l'ar« mée d'Italie, baron de Frimont, ne reconnaît « pas les conventions conclues entre vous, « monsieur, et le commandant des troupes au« trichiennes cernant le fort confié à vos or« dres, par la raison que ledit fort étant com« pris dans la convention conclue avec le ma-

« réchal duc d'Albuféra, il ne peut avoir lieu à « aucune hostilité de part et d'autre avant l'an« nonce de dix jours mentionnés dans ladite « convention avec M. le maréchal. Le com« mandant des troupes cernant le fort est ce« pendant obligé d'observer les précautions « usitées dans sa situation. »

« En vous faisant part de cette décision,
J'ai l'honneur d'être,

« Le commandeur de l'ordre militaire de Marie-Thérèse, grand'croix de celui de Sainte-Anne, général commandant le corps de réserve de l'armée d'Italie et propriétaire d'un régiment d'infanterie,

« Signé : le baron de MERVILE. »

Bourg, le 17 juillet 1815.

Le comte de Frimont oubliait sans doute

qu'il avait fait attaquer le fort de Pierre-Châtel malgré la convention de Lyon.

Le général autrichien, mécontent des troupes qui étaient dans le Bugey, les ayant fait remplacer par d'autres, le nouveau commandant m'écrivit la lettre suivante :

« Monsieur le commandant,

« J'ai l'honneur de vous prévenir que le gé-
« néral en chef de l'armée autrichienne a con-
« clu le 12 juillet une convention avec le duc
« d'Albuféra, en vertu de laquelle toutes les
« hostilités ont cessé et ne peuvent être re-
« commencées qu'après dix jours que l'armis-
« tice serait dénoncé.

« Ayant reçu l'ordre de relever les troupes qui
« ont stationné jusqu'ici dans le Bugey, de même
« qu'un poste d'officiers de l'autre côté du Rhône,
« auquel on ne peut guère parvenir qu'en passant

« le bac, sous le feu de votre fort, vous voudrez « bien, Monsieur le commandant, ne pas vous « opposer à ce passage et me marquer votre « agrément par le porteur de la présente.

« Agréez, etc.

« Signé : le comte de Hoyos, colonel commandant. »

Belley, le 16 juillet 1815.

Il me fit en même temps prévenir qu'il désirait avoir une entrevue avec moi ; je lui désignai la maison de M. de Maupetit, qui était neutre d'après la convention du 14. Il s'y rendit le 17, vers midi, et nous convînmes ensemble que la convention de Lyon, concernant le fort de Pierre-Châtel, ne parlant que de la cessation des hostilités, on suivrait celle du 14, passée avec son prédécesseur, pour ce qui concernait la position des troupes.

Je détachai une partie de ma garnison dans

les villages de Massignieu de Rives, Parves, Chemilieu et Vérignien, et les Autrichiens placèrent des postes depuis l'embouchure du Ousson jusqu'en face de Massignieu de Rives, ce qui faisait une étendue de près de deux lieues.

Voici quelle était la situation de la garnison de Pierre-Châtel au 17 juillet 1815 :

ÉTAT-MAJOR.	Chef d'escadron commandant supérieur.	1	10
	Capitaine adjudant de place.	1	
	Secrétaire de place	1	
	Officiers de santé, pharmaciens, etc.	4	
	Officiers du génie.	2	
	Garde *id*.	1	
3e BATAILLON des milit. retraités de la 6e division.	Chef de bataillon	1	369
	Capitaines	4	
	Officier payeur.	1	
	Lieutenants.	13	
	Sous-officiers et soldats. . .	350	
		A reporter. . .	379

	Report. . .		379
14e COMPAGNIE de vétérans.	Capitaines	2	118
	Lieutenants.	2	
	Sous-officiers et soldats. . .	114	
4e RÉGIMENT d'artillerie à pied.	Lieutenant.	1	21
	Sous-officiers et canonniers.	20	
id. à cheval.	Officier.	1	15
	Sous-officiers et canonniers.	14	
	Effectif. . . .		533

J'avais reçu des réclamations de plusieurs négociants, tant de Lyon que d'autres endroits, pour faire disparaître les obstacles apportés à la navigation du Rhône, qui faisaient un tort considérable au commerce ; pour y faire droit, je proposai au comte de Hoyos de rétablir la liberté de cette navigation depuis Seyssel jusqu'à Lyon, et je formulai la convention suivante, qu'il accepta.

Le commandant supérieur du fort de Pierre-Châtel et le commandant des troupes autrichiennes dans le Bugey, conviennent de ce qui suit :

ART. UNIQUE.

Le passage et la navigation sur le Rhône seront libres pour le commerce et les besoins journaliers des habitants, à compter de ce jour.

Fait en double au fort de Pierre-Châtel, le 19 juillet 1815.

Signé : le comte de HOYOS;

Signé : GARBÉ.

Les efforts du baron de Frimont pour tenir Pierre-Châtel dans un état complet de blocus, furent rendus inutiles par la convention que je fis le 14, et par celle que le duc d'Albuféra avait passée à Lyon, et que m'apporta l'officier envoyé au maréchal. Je restai donc maître de plusieurs villages, dont le plus éloigné était à une lieue et demie du fort, et qui se trouvaient ainsi à l'abri de toutes réquisitions pendant l'occupation; je défendis même aux habitants de payer aucune contribution, tant que les Autrichiens occuperaient le pays, et je leur promis de les protéger contre toute violence à l'aide de laquelle on voudrait les y contraindre. Je laissai dans ce but la plus grande partie de ma garnison en cantonnement dans ces villages, et je gardai à peine cent hommes au fort.

Le 21 juillet, je reçus un paquet de dépêches, par lequel le maréchal Jourdan, gouverneur de la 6e division militaire, m'enjoignait de faire reconnaître l'autorité du roi à Pierre-Châtel, et d'y arborer le drapeau blanc; je rassemblai aussitôt la garnison, et après la lecture des différentes pièces contenues dans ce paquet, je fis hisser le drapeau blanc à la place du drapeau tricolore. Les soldats écoutèrent, dans un morne silence, les ordres qui nous étaient transmis, et la plupart d'entre eux laissèrent couler leurs larmes en voyant disparaître pour la seconde fois le drapeau qui les avait si souvent conduits à la victoire. La plupart de ces vétérans de nos armées avaient assisté à toutes les glorieuses batailles de la république et de l'empire, et n'avaient été éloignés du service actif que par l'âge ou les blessures. Plusieurs, retirés dans leurs foyers, avaient été portés par l'énergie de leur patriotisme à reprendre du service au milieu du danger commun; d'autres enfin, plus jeunes et ne comptant qu'un petit nombre de campagnes, se voyaient enlever les espérances qu'ils avaient conçues. Leur pénible émotion à tous se déguisa peu; je la partageai dans toute son étendue, et je dus faire effort sur moi-même pour en comprimer la manifestation.

Je rassemblai ensuite les officiers; je les engageai à éviter les discussions politiques, et surtout la fréquentation des personnes qui pourraient les compromettre; ils suivirent mes conseils.

Peu de jours après je reçus une lettre de félicitations du comte de Hoyos au sujet de ma conduite dans ces circonstances, et des mesures que je venais de prendre. Je dois avouer que, des éloges que j'ai reçus dans le cours de ma carrière militaire, il n'en est aucun que j'aie moins ambitionné et qui m'ait flatté moins que celui qui avait une telle cause.

Le 26 juillet suivant le comte de Hoyos m'écrivit de nouveau en ces termes :

« Monsieur le commandant,

« Votre fort ayant arboré le drapeau blanc, « la garnison ayant envoyé sa soumission au « roi, il ne peut plus être question de guerre « entre nous ; il me paraît que les prisonniers autrichiens que vous avez dans le « fort pourraient être rendus sans inconvénient, d'autant plus que nous avons ici plu- « sieurs soldats blessés et prisonniers de votre

« troupe qui seraient également regardés « comme libres. J'en appelle, monsieur le « commandant, à votre justice et aux senti- « ments qui vous caractérisent; vous oblige- « rez infiniment celui qui sera toujours avec « l'estime la plus distinguée,

« Votre très humble, etc.

« Signé : le comte de Hoyos. »

Je me rendis à ses raisons en jugeant inutile de garder plus longtemps ses prisonniers; je les lui renvoyai le lendemain, à condition cependant, qu'il emploierait tous ses efforts pour assurer la mise en liberté de ceux qui avaient été pris au fort l'Écluse. Voici quelle fut sa réponse.

« Monsieur le commandant,

« Soyez bien persuadé que je suis on ne peut

« plus sensible à la manière prévenante et ami-
« cale dont vous avez bien voulu satisfaire à
« ma demande en me renvoyant les prison-
« niers de guerre retenus dans le fort. Je met-
« trai le même empressement à renvoyer les
« vôtres sitôt qu'ils seront assez avancés dans
« leur guérison; en attendant, on prend le plus
« grand soin d'eux à l'hôpital; on m'a dit, mon-
« sieur le commandant, qu'il se trouve à Car-
« rouge des prisonniers de guerre faits au fort
« l'Ecluse et que vous désirez avoir; je vais en
« écrire sur-le-champ au commandant de la
« division, et j'espère pouvoir vous les rendre
« également, si on ne les a pas fait partir
« pour l'intérieur de la monarchie, comme
« cela se pratique ordinairement. Disposez de
« moi, je vous prie, dans toutes les occasions
« où je puisse vous être utile, et soyez persuadé
« de la haute considération avec laquelle j'ai
« l'honneur d'être, etc.

« Signé : le comte de Hoyos. »

Lors de la retraite du maréchal Suchet, un employé attaché à l'administration de son armée resta à Belley; cet homme ayant donné des soupçons à l'autorité, on l'arrêta et on l'envoya à Pierre-Châtel. Je le fis interroger; il déclara se nommer Paumier, dit Paquito; je le gardai une dizaine de jours en prison, mais ne trouvant aucun motif fondé d'accusation, je le relâchai sur la parole qu'il me donna dequitter le pays. J'apprisquelquesjoursaprès, par le capitaine commandant le détachement stationné au village de Vérignien, que cet individu se tenait caché dans une petite maison de campagne, et qu'il se rendait fréquemment aux avant-postes autrichiens pour les exciter à attaquer les Français : j'en fis part au commandant autrichien, en le prévenant que s'il ne le faisait point arrêter, j'avais donné ordre à mes avant-postes de faire feu sur lui quand il viendrait les injurier : quelques jours après, je reçus la lettre suivante.

Belley, le 5 juillet 1815.

« Monsieur le commandant,

« Le nommé Paumier, dit Paquito, m'était « déjà suspect depuis quelques jours ; il a été « arrêté aujourd'hui dans la maison de cam- « pagne de M. Demijieux, à Bièvre, où il se « trouvait ce matin. Je l'ai livré au tribunal « de Belley, d'où il sera probablement traduit « à Lyon.

« Cet aventurier n'est certainement pas de « la famille illustre de laquelle il se vante (il se « disait de la famille du duc de Saint-Aignan) ; « il a dit aujourd'hui avoir une sœur mariée à « un musicien du théâtre Faydeau, à Paris.

« Recevez, monsieur le commandant, des « remercîments pour l'avis que vous m'avez « donné à son sujet. Des personnes de cette « espèce ne doivent pas être souffertes dans un

« pays, surtout dans un moment où les esprits
« sont encore en mouvement, comme ici.

« Notre pharmacie manque entièrement de
« musc, et celle de Belley n'en a pas non plus.
« Ayant deux officiers malades d'une fièvre
« putride, qui ont le plus grand besoin de ce
« remède, vous pourriez m'obliger infiniment
« de m'en faire avoir une once si cela vous est
« possible. Je m'engagerais à vous le faire re-
« mettre en nature sitôt que je pourrais en re-
« cevoir de Lyon ou du quartier-général.

« Excusez, monsieur, cette demande dont
« l'idée m'est venue en écrivant, sachant com-
« bien vous cherchez toujours à m'obliger lors-
« que cela dépend de vous.

« Recevez l'assurance, etc.

« Signé : le comte de Hoyos. »

Le maréchal Jourdan m'avait envoyé l'ordre, daté du 30 juillet, de licencier le 3e bataillon des retraités de la 6e division, en me prévenant que je devais être aidé dans ce travail par un commissaire des guerres ; mais M. Colombet, inspecteur aux revues, m'adressa ses instructions pour en remplir les fonctions, en me prévenant qu'il lui était impossible de m'en envoyer un. J'eus donc à supporter à la fois ce travail nouveau pour moi, et les dépenses qu'entraîna cette opération, dont je ne fus jamais indemnisé, non plus que de toutes celles que j'avais eu à faire, tant en 1814 qu'en 1815, pour frais de bureau et de représentation.

Je rappelai au fort les compagnies détachées dans les villages voisins. Quand le travail du licenciement fut terminé, et le compte de chaque homme réglé, je fis prendre les armes au bataillon, et après une dernière revue, je les fis déposer à l'arsenal ; les hommes se séparèrent aussitôt et se mirent en route isolément pour regagner leurs foyers.

Ma garnison se trouvant très affaiblie, je ne pus placer que des sauvegardes dans les villages qui se trouvaient dans notre rayon ; ma correspondance avec le comte de Hoyos avait toujours été très amicale ; mais lorsqu'il vit ma garnison diminuée à peu près des deux tiers, il crut sans doute qu'il serait très facile de s'emparer de Pierre-Châtel. Le comte de Hoyos était un jeune homme qui débutait à peu près dans la carrière militaire ; il avait des manières élégantes et douces, et ne portait nullement l'empreinte de la rudesse germanique ; il appartenait à une famille très riche et de la plus haute noblesse ; le bataillon de landwert qui faisait partie de son régiment n'était composé en grande partie que de ses vassaux. Il occupe aujourd'hui, à ce que je crois, une des premières charges à la cour d'Autriche. La campagne s'était terminée avec une telle rapidité, qu'elle ne lui avait pas laissé le temps de faire d'action d'éclat ; il voyait que malgré l'armistice qui existait entre toutes les armées, on n'en attaquait pas moins assez fréquemment les places fortes. Actif et ambitieux, mécontent surtout d'avoir fait une campagne stérile, il quitta le plus secrètement possible son corps d'armée au commencement d'août, pour solliciter l'autorisation d'attaquer Pierre-Châtel, qu'il regardait comme très facile à prendre en présence d'une si faible garnison.

Il ne fut de retour que du 15 au 20. J'étais chez moi un jour avec une partie de mes officiers, lorsque le comte de Hoyos me fut annoncé. Il entra presque aussitôt, et au premier aspect, au lieu de l'expression franche et ouverte que portait habituellement sa figure, je lui trouvai l'air sombre et agité; cette remarque fut faite par tous les officiers, et leurs visages se rembrunirent lorsqu'il demanda à me parler en particulier. Je le fis monter dans mon salon, et une conversation, gênée d'abord, bientôt vive et animée, s'engagea entre nous : il me dit que je ne devais pas ignorer que l'armée française était licenciée, qu'il était, en conséquence, étonné que je n'eusse pas renvoyé la totalité de ma garnison pour faire garder le fort par la garde urbaine ; et comme je lui fis observer qu'il n'en existait pas dans le fort, il ajouta que j'aurais pu prendre celle des environs; je ne fis que sourire d'une pareille observation, et pour toute réponse je lui prouvai que l'ordonnance qu'il citait ne concernait point les compagnies de vétérans et de canonniers qui se trouvait dans les places fortes, et qui étaient les seules que j'eusse en ce moment. Il parut alors embarrassé; mais bientôt mettant toute dissimulation de côté, il me dit qu'il ne concevait pas mon attachement à un gouvernement dont je ne devais rien attendre, et abordant directement le véritable objet de sa visite, il me fit des propositions séduisantes, et m'engagea vivement à me laisser subir un simulacre de siége, après lequel j'entrerais en arrangement, pour ne pas lutter plus longtemps avec les alliés du roi de France ;

selon lui, mon honneur et ma sûreté ne seraient point compromis; loin de là, il me garantissait un avantage pécuniaire considérable, et de hautes recommandations auprès du gouvernement dont je pourrais alors espérer toutes les faveurs.

Je ne le laissai point achever, je lui dis, en l'interrompant, que depuis vingt-cinq ans j'avais servi ma patrie avec honneur et dévouement, et que je n'en demandais aucune faveur; que je ne consentirais jamais à rien de déshonorant pour en obtenir, et qu'il était absolument inutile qu'il poursuivît ses demandes et ses offres. Changeant alors de nouveau de langage, il tenta un dernier effort, et m'annonça qu'il avait ordre de me demander la remise de Pierre-Châtel; je lui répondis avec calme que j'étais prêt à le lui remettre sur un ordre du roi; que sans cela il pouvait l'assiéger, mais qu'il ne se rendrait maître que d'un monceau de décombres. Je lui déclarai, en terminant, que je regrettais que, par les propositions qu'il venait de me faire, et les ruses employées pour en assurer le succès, il eût modifié l'opinion que nos premiers rapports m'avaient donnée de lui; il me quitta assez brusquement; et à son retour à Belley, il laissa éclater son mécontentement d'une façon assez vive. Je retournai vers les officiers, qui s'étaient bien doutés du sujet de notre entretien, et j'assemblai de suite le conseil de défense; je lui communiquai une partie de ce que m'avait dit le commandant autrichien; nous fûmes unanimement d'avis de ne rien laisser transpirer parmi la garnison sur ce qui s'était passé; mais de ne pas négliger néanmoins de prendre tous les moyens de défense; de mon côté j'écrivis au général commandant la division, pour lui rendre compte des menaces du colonel autrichien. Cet officier général s'adressa au ministre de la guerre qui lui fit la réponse suivante, dont il m'envoya copie :

« Paris, le 7 septembre 1815.

« Général, j'ai reçu la lettre du 30 août, par « laquelle vous demandez des instructions sur « la conduite que doivent tenir les comman- « dants des places fortes de votre division vis- « à-vis des troupes alliées.

« Il convient sans doute que ces comman- « dants se maintiennent dans des relations de « bonne intelligence avec les troupes alliées; « mais ils ne doivent pas s'écarter du prin- « cipe que les places fortes doivent être con- « servées au roi; les généraux autrichiens « n'ont d'ailleurs aucune autorisation de leur « souverain pour réclamer l'occupation des « places.

« Le prince de Schwarzemberg a été fort « étonné des propositions faites au sujet du « fort Saint-André.

« Recevez, etc.

« Le ministre, secrétaire d'état de la guerre, pour Son Excellence et par son ordre,

« Le maréchal-de-camp, secrétaire général, signé : D'ALBIGNAC.

« Pour copie, le lieutenant général MONTRICHARD.

« Le commandant du fort de Pierre-Châtel « se conformera aux dispositions de la lettre « ci-contre de Son Excellence le ministre de « la guerre.

Besançon, le 10 septembre 1815.

« Le lieutenant général commandant pour le roi la 6e division militaire, MONTRICHARD.

Quelques jours après j'appris que le fort Saint-André de Salins s'était rendu aux Autrichiens.

Ma correspondance avec le comte de Hoyos

était devenue froide et embarrassée depuis notre entrevue. Cependant je le vis avant son départ; son attitude et son langage à mon égard furent alors empreints de plus de convenance. Il s'étonna d'une fidélité que le gouvernement ne pouvait payer que d'ingratitude, rejeta en partie sur l'estime que je lui avais inspiré, et le désir de m'être utile, les propositions dont je m'étais trouvé blessé, et souhaita que je n'eusse pas à me repentir de mon refus de m'accorder avec lui. Il renouvela en me quittant les témoignages de son attachement, et me fit à plusieurs reprises, et de la manière la plus vive, des offres de service.

Sa troupe fut remplacée par un corps de Croates qui avaient été au service de France pendant la campagne de 1812, et qui avait été formé dans les provinces Illyriennes ; dès ce moment le blocus ne fut plus qu'une insignifiante formalité, au point même que nous eûmes occasion, ce qui est assez rare, de fournir des vivres à ceux qui nous bloquaient, ce qui arriva notamment dans la circonstance suivante.

Le sous-préfet de Belley m'écrivit un jour que, manquant de farine, il me priait de lui en prêter, promettant de la rendre à ma première demande. Le garde-magasin, à qui j'en parlai, me fit observer qu'une partie des farines était dans des endroits humides et commençaient à s'avarier, que je ferais bien d'en céder, et qu'il nous en resterait encore assez de mauvaise. Aussi, malgré l'opinion contraire du conseil de défense que je consultai, et qui fut d'avis du rejet de la proposition, je l'acceptai, et dans l'intérêt du gouvernement et de la troupe je fournis la farine, sous la condition qu'elle me serait rendue à une époque très rapprochée que je fixai ; le sous-préfet y consentit ; mais sa destitution retarda la rentrée convenue, qui du reste eut lieu.

C'est ainsi que se terminèrent les hostilités dont les abords de Pierre-Châtel avaient été le théâtre ; ce qui me reste à rapporter n'est plus exclusivement personnel ; on me permettra toutefois d'en faire le complément de ce récit.

Nous vivions depuis plusieurs mois à Pierre-Châtel dans la meilleure intelligence avec les habitants de Belley et des environs ; les officiers autrichiens et ceux de ma garnison se fréquentaient souvent, et personne ne formait de plainte contre nous ; nous étions tous gens d'honneur, et le gouvernement pouvait compter sur nous ; nous en avions donné des preuves. Nous jouissions de l'estime des habitants les plus notables du pays. Il régnait d'ailleurs un calme et une union bien rares après des bouleversements politiques. J'avais reçu personnellement les lettres les plus flatteuses du maréchal Gouvion-Saint-Cyr, ministre de la guerre, et cet heureux état de choses semblait devoir durer, lorsque la politique réactionnaire qui suivit le traité de paix, et amena le remplacement du maréchal, changea complétement cette situation.

Les tendances du pouvoir nouveau se manifestèrent par le choix des hommes qu'il nous envoya. M. Charcot, sous-préfet de Belley, fut remplacé par un nouvel arrivé de Gand, dont le costume et le langage attestaient tous les souvenirs d'émigration, et qui ne cessait de se vanter d'être l'homme de confiance des princes. Il aurait trop prêté à rire par les airs d'importance qu'il se donnait sans cesse, s'il n'avait été en même temps le dénonciateur le plus dangereux de l'arrondissement. Dès son arrivée il signala le fort de Pierre-Châtel comme un foyer d'intrigues bonapartistes, et poussa le ridicule jusqu'à y porter une active surveillance à la nouvelle de l'évasion de Lavallette, qu'on ne pouvait supposer cependant caché dans un fort de l'extrême frontière, en supposant qu'il eût pris sa direction de notre côté.

Le capitaine de gendarmerie du département pouvait seul rivaliser avec cet homme ; il venait aussi de Gand ; il s'associa à cette surveillance et la fit exercer de la manière la plus insolente par ses gendarmes. Je vis dès lors que le poste n'était plus tenable et qu'il faudrait tôt ou tard l'abandonner.

Ce système de défiance inquisitoriale parut bientôt insuffisant, et on trouva le moyen de le rendre plus intolérable encore. Vers la fin de novembre, les troupes étrangères avaient à peu près évacué le pays, et le noyau de la légion de l'Ain, formé de quelques débris de l'armée de la Loire, vint tenir garnison à Pierre-Châtel. On confia le commandement de ce dépôt à un individu des environs de Bourg, qui était rentré en France à la suite des alliés. Cet homme, servant dans un régiment d'infanterie française en qualité de sergent, avait, dans le courant de mai, déserté des avant-postes de Lille à l'ennemi. On lui donna pour récompense le grade de sous-lieutenant, et on le renvoya chez lui en état de non-activité. Mais bientôt on crut pouvoir l'utiliser pour des services d'une certaine nature, et on lui donna l'emploi que je viens d'indiquer, quoiqu'il se trouvât un officier plus ancien que lui. Cette circonstance, jointe à son incapacité évidente et l'imprudence de ses actes, nous firent bientôt voir que cette mission n'était que fictive et en cachait une autre. Aussi fûmes-nous bien avertis de nous tenir sur nos gardes. Cependant ses insultes réitérées contre l'armée française exaspérèrent les officiers à un tel point, que j'eus de la peine à les empêcher de se porter à des violences envers lui. On se contenta de le laisser dans l'isolement et le mépris le plus complet.

Cet espion nous quitta avec la légion de l'Ain,

le 1er janvier 1816. A ce moment, le but poursuivi contre moi était atteint; je savais que ma destitution était signée et je connaissais déjà le nom de mon successeur.

Rien ne pouvait justifier une pareille mesure. Ma conduite pendant l'invasion avait été irréprochable; celle que je tenais alors ne l'était pas moins. J'avais pris et fait prendre aux personnes placées sous mes ordres une attitude prudente et réservée; je m'étais placé en dehors du mouvement des passions que les événements avaient soulevées; à cette époque de réaction, il fallait plus; il fallait un dévouement aveugle et fanatique au parti qui venait de triompher. Sous ce rapport, je dois le reconnaître, je n'offrais pas de suffisantes garanties.

Je cherchai en vain à trouver des griefs sérieux allégués contre moi; un des principaux était la grande influence que l'on m'attribuait sur le pays et qui aurait pu devenir dangereuse si j'avais voulu en abuser. Le sous-préfet lui-même ne me le cacha pas et m'en fit l'observation. Je lui répondis que, si j'avais acquis l'estime des habitants, ce n'était point en agissant contre mes devoirs ; qu'appliqué à maintenir la discipline dans ma garnison et l'ordre dans le pays, j'avais, dans les divers changements opérés, préservé de représailles des hommes de toutes les opinions, ce dont les royalistes pouvaient rendre témoignage ; que je m'étais refusé à une défection, qui, loin de m'exposer à aucun danger, m'aurait valu les éloges de ceux-là même qui se faisaient nos dénonciateurs, et qu'on trouverait encore en moi la même fidélité à mes devoirs ; que si cependant le gouvernement prêtait l'oreille à d'aussi absurdes calomnies, il ne lui restait qu'à me retirer mon commandement. Cela ne tarda pas, en effet, à arriver.

Le général de Coutard était placé depuis le

mois de septembre à la tête de la division. Informé des dénonciations qui se répétaient contre moi et les officiers de ma garnison, il envoya son chef d'état-major à Pierre-Châtel pour s'assurer de la vérité; là, cet officier supérieur put se convaincre de la fausseté des bruits répandus contre nous et il me promit de faire un rapport favorable; mais sa position devait rendre son témoignage suspect; c'était un officier de l'ancienne armée, il se fiait sur les promesses qu'on lui avait faites, il n'en eut pas moins le même sort que moi : je lui écrivis peu de jours après son départ, il me fit la réponse suivante :

« Besançon, le 2 janvier 1816.

« Mon cher commandant,

« J'ai reçu la lettre que vous m'avez fait l'a-
« mitié de m'adresser, le 28 du mois dernier ;
« j'étais prévenu à mon retour de Pierre-Châ-

« tel, que vous étiez menacé de perdre votre
« place, aussi je me suis empressé de faire à
« votre sujet, au lieutenant général, baron de
« Coutard, commandant cette division, un rap-
« port de votre bonne conduite militaire, po-
« litique et civile, et enfin des témoignages
« éclatants des habitants de l'arrondissement
« de Belley. Cette pièce a été envoyée à son ex-
« cellence le ministre de la guerre par le lieu-
« tenant général; en faisant cela, mon but était
« de parer l'orage que l'intrigue et la jalousie
« préparaient contre vous.

« Néanmoins, mon cher commandant, mal-
« gré tout ce que j'ai dit et écrit, en vous ren-
« dant bonne justice, je vous conseille d'a-
« dresser des copies des pièces dont vous êtes
« porteur au ministre de la guerre par le canal
« de M. votre frère et d'en adresser également
« au lieutenant général, baron de Coutard ; je
« lui dis et dirai encore tout ce qu'il faut.

« Agréez, etc.

« Le colonel, chef de l'état-major-général de « la 6e division militaire,

« Petit Pierre. »

Lors de l'évacuation des condamnés à la déportation, en janvier 1814, un d'entre eux était resté malade; je le gardai ensuite, il me rendit de très grands services pendant le siége; comme cet homme était détenu pour des crimes de la chouanerie, et que tous les condamnés pour ces faits avaient été mis en liberté à la restauration, je lui laissai la faculté de circuler librement. Les condamnés revinrent au mois de juin et restèrent au fort encore près d'un an; à leur départ définitif on ne le réclama pas: il resta de son plein gré avec nous. Lorsque l'on apprit à Bourg qu'il n'était point libéré, le préfet saisit cette occasion de me dénoncer; il me fit traduire devant le tribunal de police correctionnel de Belley pour l'avoir illégalement gardé au fort. Je déclinai la compétence de ce tribunal et refusai de m'y soumettre en ma qualité de commandant supérieur ; cependant tout en protestant contre cet abus de juridiction, je me rendis chez le juge d'instruction sur ses vives instances ; la plupart des officiers et employés du fort y furent pareillement appelés comme témoins. Pour moi, je partis sans attendre la suite de ce procès; ce ne fut que plus tard que j'appris que le tribunal s'était déclaré incompétent, et que l'affaire avait été renvoyée devant le conseil de guerre de la 6e division, qui, probablement, ne s'en occupa pas ; car je cessai d'en entendre parler.

Ce procès était une tracasserie évidente et d'une insigne mauvaise foi. L'homme dont il s'agissait, condamné à mort en l'an X pour avoir fait partie des chouans, avait eu sa peine commuée en celle de la déportation. La restauration arrivée, il se crut libre, comme tous ceux qui étaient détenus pour la même cause que lui, et il demeura au fort où je l'employai à divers ouvrages. Personne n'aurait pensé à le réclamer, si le préfet, pour chercher à me nuire, n'avait ordonné de le faire arrêter. Ce malheureux, en apprenant cette nouvelle, crut qu'il s'agissait de le replacer en captivité, et dans un accès de désespoir il mit fin à ses jours, en se jetant dans le Rhône. Il laissa au fort tous ses effets avec une lettre à mon adresse, dans laquelle il me témoignait ses regrets des tracas qui m'étaient suscités à son occasion. Tel fut le fatal dénouement que le promoteur de cette affaire n'avait certainement pas prévu.

Le sous-préfet de Belley venait souvent à Pierre-Châtel; dans une visite qu'il nous fit le 1er janvier 1816, il nous témoigna l'intention de venir célébrer la fête des Rois avec nous; pour ne pas compromettre les officiers de la garnison, je dissimulai mon dépit, et nous donnâmes ce dîner aux fonctionnaires du pays et à nos amis. Le repas eut lieu le jour indiqué. Il régna une grande cordialité entre nous et tous nos convives, excepté le sous-préfet, que nous voyions avec déplaisir; c'étaient des hommes d'opinions diverses, mais qui tous m'avaient témoigné un intérêt affectueux. Cette réunion nous rapprocha davantage encore, et peut-être est-ce à l'effet qu'elle produisit que les officiers durent de ne pas être inquiétés après mon départ.

Enfin, la nouvelle de mon remplacement devint officielle; mon successeur arriva dans les premiers jours de février, et je lui remis aussitôt le commandement. M. de Naze m'assura qu'il n'avait rien fait pour m'en déposséder, et que la certitude où il était que j'allais être remplacé avait pu seule le déterminer à solliciter la place. Les relations que j'ai eues avec lui m'ont persuadé qu'il disait la vérité; il n'était d'ailleurs parti pour Paris qu'après d'autres émigrés qui couraient à la curée des places; il voulait aussi faire valoir ses droits; et comme il avait la protection spéciale de l'empereur de Russie, il obtint Pierre-Châtel de préférence aux autres.

Je fus obligé de rester encore près d'un mois au fort pour terminer les comptes d'administration de l'état de siége; pendant ce temps, j'écrivis au chef d'état-major de la division, pour obtenir un certificat qui témoignât formellement de ma conduite. Le comte de Divone me répondit par ordre du général Coutard, que l'avis que j'avais reçu de ma retraite me servirait de certificat pour rentrer dans mes foyers; que celui que je réclamais devait m'être fourni par les autorités civiles, attendu qu'il n'avait pris le commandement de la division que depuis le 18 septembre; qu'au reste, le général comte de Coutard le chargeait de me dire qu'il n'avait eu qu'à se louer de la manière dont j'avais servi pendant tout le temps que j'avais été sous ses ordres. Je fis part de cette réponse aux autorités de Belley, qui s'empressèrent de rédiger et de me remettre la déclaration suivante :

« Nous soussignés fonctionnaires publics « de la ville de Belley, voulant donner à « M. Garbé, ex-commandant du fort de Pierre-« Châtel, un témoignage de l'estime qu'il nous « a inspirée par sa conduite pendant le temps « qu'il a commandé dans ce fort, certifions à « tous qu'il appartiendra, que pendant le « temps qu'il a eu des prisonniers d'État sous « sa surveillance, il les a toujours traités avec « douceur et humanité, et n'a rien négligé de « tout ce que les devoirs de la place pouvaient « lui permettre pour adoucir leur sort; que « depuis ayant deux fois été assiégé par les « troupes autrichiennes, il s'est comporté dans « ces deux occasions comme un brave et loyal « militaire; que depuis l'heureuse rentrée du « roi, il n'a négligé aucun des moyens qui

« étaient en son pouvoir pour en faire respec-
« ter l'autorité ; en foi de quoi nous avons dé-
« livré le présent.

« Signé : le président du tribunal de Belley, FERRAND. — Le procureur du roi, JORDAN. — Le maire de Belley, RIVIÈRE. — L'adjoint, DE VILLENEUVE.

« Belley, le 4 février 1816. »

Le sous-préfet auquel cette pièce fut présentée pour qu'il en légalisât les signatures, crut devoir y joindre un certificat que je ne lui demandais point et dans les termes duquel on reconnaissait, à travers une approbation affectée, l'intention de m'éloigner définitivement du pays.

Enfin, les officiers de la garnison m'offrirent avant mon départ une attestation conçue en ces termes :

« Nous soussignés officiers de la garnison
« de Pierre-Châtel, certifions que M. Garbé,
« ex-commandant dudit fort, n'a jamais cessé
« pendant le temps que nous avons été sous
« ses ordres de mériter notre estime et notre
« confiance; que pendant les Cent-Jours il a
« toujours su maintenir le bon ordre et la dis-
« cipline parmi la garnison; ce n'est que d'a-
« près ces motifs, et la fermeté qu'il a mon-
« trée envers les troupes alliées, qu'il a con-
« servé pour la seconde fois le fort au roi,
« qu'il s'est empressé de reconnaître sitôt qu'il
« en a reçu l'ordre; qu'il a employé tous les
« moyens possibles pour faire cesser les hosti-
« lités avec les troupes étrangères, avec qui il
« a toujours su se maintenir en bonne intelli-
« gence; ce qu'il peut d'ailleurs certifier par
« la correspondance qu'il a eue avec elles et
« les conventions qu'il a faites.

« Certifions en outre que M. Garbé emporte
« non-seulement nos regrets, mais aussi ceux

« de tous les habitants des environs et de tous « ceux qui l'ont connu. »

(Suivent les signatures des officiers de la garnison.)

Ce fut avec un vif regret que je quittai Pierre-Châtel. J'avais créé le système de défense de cette place, qui en réalité n'en était pas une avant mon commandement. C'était un des principaux motifs qui m'y retenaient; mais ce qui m'y attachait surtout, c'était la conscience que j'avais de ne point m'être écarté de mon devoir et l'attachement dont les habitants du pays ne cessaient de me donner des preuves. Il en est beaucoup avec lesquels j'ai conservé des relations et dont je garderai toujours la mémoire. Je n'en nommerai qu'un seul, parce que depuis longtemps il ne vit plus que dans le souvenir de ceux qui l'ont connu. C'est le comte Henri de Cordon, vertueux et digne ecclésiastique, qui, malgré la différence de nos opinions, ne cessa de me témoigner l'amitié la plus vive. Dans mes disgrâces, il ne cessa, malgré mes refus, d'employer ses amis pour éclairer l'opinion du gouvernement sur moi ; je le vis à Paris en 1817, au moment où il venait d'être nommé évêque de Belley ; il m'accueillit avec les plus grandes marques d'attachement ; deux jours après il n'existait plus !

Je quittai le pays dans les premiers jours de mars, et je fus encore, au moment de mon départ, l'objet des tracasseries qui me poursuivaient depuis quelque temps. En arrivant à Bourg je sollicitai en vain une feuille de route pour Paris ; elle me fut obstinément refusée, bien que mes affaires et mes relations de famille m'y appelassent, et je ne pus l'obtenir que pour ma ville natale, où il n'entrait pas dans mes vues de me retirer alors. Je fus soumis pendant ces démarches à une sorte de surveillance, et le lieutenant de gendarmerie de Bourg, que j'avais connu à Belley, reçut, pour m'avoir invité à déjeuner chez lui, les plus vifs reproches de son capitaine, et fut même menacé par lui de destitution. Ces menaces étaient sérieuses; car le capitaine, récemment arrivé de Gand, était expert dans l'art des dénonciations, et, sans me connaître, il avait provoqué ma destitution avec un inconcevable acharnement, par les rapports les plus mensongers. Comme tant d'autres du reste, il a su changer de drapeau avec les événements, et obtenir du gouvernement de juillet un avancement rapide: il est aujourd'hui colonel de gendarmerie.

Je me rendis à Paris, où je me tins quelque temps caché dans ma famille, en attendant le permis de séjour que je fis solliciter; je n'eus garde d'aller réclamer mes frais de route, démarche qui aurait eu pour résultat immédiat de me faire arrêter; j'obtins enfin l'autorisation de demeurer dans la capitale. Mon premier acte fut alors de réclamer énergiquement contre ma mise en retraite, qui était illégale de tout point, et notamment contraire à l'ordonnance du 1er août 1815. Je n'obtins sur le fond de mes réclamations aucune réponse motivée; on se borna à me dire qu'il était impossible de me replacer en activité.

L'intrigue se cachait alors sous le manteau d'un prétendu royalisme. Les officiers de l'ancienne armée ne pouvaient être replacés qu'en faisant des professions de foi contraires à leurs opinions, et en affectant un zèle exagéré pour le nouveau gouvernement. Je ne voulais ni mentir à ma conscience, ni employer des sollicitations pour obtenir justice. Je me résignai donc au silence.

Interrompu à la force de l'âge dans ma carrière militaire, j'acceptai sans murmurer des loisirs que je ne m'étais pas faits, mais que justifiaient, que nécessitaient presque vingt-cinq ans de fatigues et de périls incessants. Heureux d'achever en paix ma vie au sein de ma famille et dans mon pays natal, j'ai regardé mon existence active comme terminée, et je n'ai rien demandé ni accepté depuis lors.

La révolution de juillet m'a rendu, comme à tous les officiers des Cent-Jours, le grade que j'avais reçu à cette époque, et dont la réaction m'avait dépouillé. Peut-être le pouvoir aurait-il pu marchander moins cette justice tardive, et éviter l'affectation d'une sorte de mauvais vouloir dans l'accomplissement de cette réparation collective. Je ne l'avais point sollicitée personnellement; je l'ai reçue avec tous nos camarades, et n'étant point rentré en activité, elle s'est bornée pour moi au titre d'un grade qui m'était précieux, parce qu'il m'avait été donné comme récompense de ma conduite à Pierre-Châtel, et à un faible accroissement dans le chiffre de ma pension.

Dans la prévision d'une guerre qui pouvait

éclater après les événements de 1830, j'avais offert de reprendre le commandement de Pierre-Châtel, et le ministre avait accepté ma proposition avec empressement. Cette éventualité ne se réalisa heureusement pas, et je continuai à vivre dans la retraite profonde où j'étais resté depuis ma sortie du fort.

Dans cette retraite, cependant, j'ai éprouvé un jour de vive et profonde sensation, que j'avais longtemps attendu. C'est celui où, mêlé à l'héroïque population parisienne, j'ai vu reparaître le drapeau sous lequel j'avais servi vingt-cinq ans. J'ai senti revivre à son aspect tout l'enthousiasme de ma jeunesse, et je me suis retrouvé avec les mêmes sentiments qui m'animaient lorsqu'il me conduisit pour la première fois à la frontière. J'avais été contraint de déposer mon épée à sa chute. Les circonstances ne m'ont point amené à la reprendre lorsqu'il a reparu ; la génération qui l'a illustré s'en va chaque jour ; mais celle qui a su le relever le portera dignement; il conservera à nos fils le souvenir de l'œuvre que nous avons accomplie, et présidera à leurs travaux, comme il nous a guidés dans les nôtres.

FIN.

BIBLIOTHEQUE ROYALE
I

www.ingramcontent.com/pod-product-compliance
Ingram Content Group UK Ltd.
Pitfield, Milton Keynes, MK11 3LW, UK
UKHW012034240726
13965UKWH00002B/793